Ce nouel appartion A Mesdemoise
les noyer Gourlet Monet En l'an
1764

V. bogh
C. a

LA BELLE BIBLE DES CANTIQUES

DE LA NAISSANCE

ET DES AUTRES MYSTERES

de notre Seigneur.

Tant anciens reformés que nouveaux, imprimés & non imprimés, sur les plus beaux Airs du tems, le tout pour la consolation des Ames pieuses.

Chantez des Cantiques au Seigneur & benissez son saint Nom, publiez de jour en jour son Oeuvre salutaire. Pf. 92.

TROISIEME EDITION.

A TROYES,

Chez la Veuve de JEAN OUDOT, Imprimeur-Libraire, ruë du Temple.

Avec Approbation & Permission Royale.

1723.

SONNET HEROIQUE
A L'AMOUR INCARNE'

Lorsque tout l'Univers étoit en paix profonde,
Vôtre Verbe, Seigneur, est descendu des Cieux,
Prenant la qualité d'Homme dans ces bas lieux,
A dessein d'y mourir pour sauver tout le monde.

N'est-ce pas de l'Amour la preuve sans seconde,
Que de vouloir quitter son Trône glorieux,
Et naître ici tout nud dans une Créche immonde,
Afin de nous donner ses habits précieux.

Mais d'un Amour si grand dans cette humble Naissance,
Quel aimable retour quel reconnoissance,
Vous rendrons-nous JESUS, dans nôtre bas séjour?

Dans ce moment heureux la musique des Anges,
Nous aprend en chantant vos divines loüanges,
Qu'au moins nous vous devons des
CANTIQUES D'AMOURS.

REFLEXION MORALE,
Sur l'usage des Cantiques.

C'EST une pieuse coûtume des Fidéles qui composent l'Eglise Catholique, de chanter de tout tems des Proses, des Hymnes & des Cantiques d'amour à la gloire & à l'honneur de son Chef & de son Epoux divin le Sauveur de nos ames, comme autant d'excellens moyens qu'elle donne à tous ses Enfans de se rappeller souvent dans la memoire & dans le cœur l'aimable souvenir de tous les Mysteres que sa Bonté infinie a bien voulu operer pour leur salut éternel.

Et sans parler des Cantiques & des Pseaumes de l'ancienne Loi, que nous y chantons encore tous les jours, le Cantique admirable de la sainte Vierge, *Magnificat*, qu'elle entonna devant sa chére cousine sainte Elisabeth par la force & l'impetuosité de ce fleuve de feu rapide qui venoit de sortir de la bouche de Dieu pour la remplir, & pour innonder toute la Terre, le Cantique *Benedictus* du saint Prophéte Zacharie tout rempli de l'Esprit de Dieu, & celui du saint vieillard Simeon, *Nunc dimittis*, nous sont autant de preuves divines de cette pieuse & innocente Pratique.

C'est même à quoi le grand Apôtre exhortoit les premiers Chrétiens, lors qu'il leur conseilloit d'être remplis du saint Esprit, & de chanter tous ensemble, par les mouvemens de sa grace & de son amour des Pseaumes, des Hymnes & des Cantiques S

Reflexion Morale, sur l'usage des Cantiques rituels en simplicité de cœur à la gloire & à l'honneur de Dieu, au Nom de nôtre-Seigneur JESUS-CHRIST son Fils unique, en action de graces, dit-il, à sa divine Majesté pour tous ses bienfaits.

Et comme entre tous les bienfaits de Dieu envers les hommes le plus grand de tous, l'incomparable & le plus aimable est celui de son Incarnation & de sa Naissance temporelle dans le monde, il n'en est point aussi qui merite à plus juste titre nos admirations, nos reconnoissances & nos Eloges que celui-là,

Mais principalement dans le saint tems de l'Avent que la sainte Eglise nôtre Mere nous donne à ce dessein pour nous en raffraîchir la memoire, & nous donner occasion par-là, de nous disposer à recevoir & ressentir dans nous les fruits & les effets de ce Mystere tout d'amour.

C'est le motif & la fin principale de tous ces Cantiques, qui n'ont pour sujet que les loüanges d'un Dieu-Homme & d'un Homme-Dieu, & pour objet que l'avancement & l'augmentation de sa gloire & de son amour dans les ames & dans les cœurs de ceux qui les chanteront, ou qui les liront avec attention & devotion.

LA BELLE BIBLE
DES CANTIQUES,

De la Naissance & des autres Mysteres de notre Seigneur.

Noël pour le commencement de l'Avent ;
Sur l'air ; Jean de Verd.

VOICY le saint tems de l'Avent,
　　Préparons la Musique,
　　Pour aller chanter au-devant
　　De ce Roi magnifique;
Il vient par sa Nativité
Nous ôter de captivité,
Chantons Noel, chantons Noel,
Chantons Noel ensemble.
　En effet si ce divin Roi
Ne fut venu sur terre,
Tout devenoit sans Foi ni Loi,
Satan faisoit la guerre.　Il vient, &c.
　Il apporte à tout l'Univers
La paix universelle,
Nous ne sommes plus dans les fers
D'une prison cruelle : Il vient, &c.

Tous nos pechez nous sont remis
  Avec pleine indulgence,
Et les Demons nos ennemis
  Vaincus sans esperance : Il vient, &c.
Quoi ? faut-il donc que ce grand Dieu,
  Pour un morceau de Pomme,
Vienne naître dans ce bas lieu,
  En se rendre un pauvre Homme : il vient, &c.
C'est un Arrêt déliberé,
  Dans le sacré conclave,
Pour rendre l'homme délivré,
  Qu'un Dieu se rendre esclave : il vient, &c.
C'est le fils du Pere Eternel,
  La seconde Personne,
Qui se rend pour nous criminel ;
  Afin qu'il nous pardonne : Il vient, &c.
Il prend la forme d'un Enfant
  Par une humble naissance,
Bien qu'il soit un Roi triomphant
  Par sa Toute-puissance, Il vient, &c.
Il naît au monde pauvrement,
  Dans une pauvre étable,
Sur un peu de Foin seulement,
  Manque d'un lieu sortable : Il vient, &c.
Il fût venu, s'il eût voulu,
  Avec des milliers d'Anges,
Mais, non, il vient comme inconnu,
  Méprisant les loüanges : Il vient, &c.
Allons le voir & lui porter
  De nôtre amour les gages ;
Et de nos cœurs lui presenter
  Humblement les hommages : Il vient, &c.

Noël ancien reformé; Sur un air du tems.

DU saint tems qu'arrive Noël
Nous devons tous nous souvenir,
Comme d'un Testament formel,
Que tout le monde doit tenir.
   Quand le superbe Lucifer
Dans les abîmes trebûcha,
Il nous traînoit tous dans l'Enfer,
Mais le Fils de Dieu l'empêcha;
Dans la Vierge il vint s'incarner,
Se formant d'elle un Corps humain,
Auquel il veut bien se borner
Par un coup puissant de sa main.
   Lors que cet Homme-Dieu fut né
Pour avoir des adorateurs,
L'avis en fut bien-tôt donné
Par un Ange à de bons Pasteurs,
Disant, Gloire à Dieu dans les Cieux,
Et dans la Terre à ce saint Jour,
La paix de son Fils précieux
Aux cœurs qui cherchent son amour.
   Aux doux accens de cette voix
Ils se sont tous mis en devoir,
Laissant leurs brebis dans les bois,
D'aller promptement pour le voir,
Ils l'ont vû dans un pauvre lieu
Dans une Crêche sur du foin,
Faisant offre à cet Enfant-Dieu
De le secourir au besoin.
   Après quelque espace de tems
Trois Rois sont venus l'adorer,
Offrant l'Or, la Myrrhe, & l'Encens
Dont ils sont venus l'honorer,

La Belle Bible

Une Etoile les conduisoit
Et les éclairoit pour venir,
Montrant en Bethléem tout droit
La marche qu'il devoient tenir.
　Supplions tous sa Majesté
Pour nous & pour tous nos Amis,
D'avoir pour nous cette bonté
Que nos pechez nous soient remis,
Et de nous faire la faveur
D'aller au séjour éternel
Pour y chanter avec ferveur,
Noël dans son sein paternel.
　Amen, Jesus Emmanuël,
Je ne sçaurois pas me tenir
De chanter sans-cesse Noel,
Quand je vois mon Sauveur venir.

Cantique de la Conception de la sainte Vierge.

ESt il bien vrai que la Bonté suprême
　Veuille aujourd'hui finir nos maux ?
　　Oüi da, oüi da, ô grace extrême !
A ce dessein elle a rendu fertile
　Sur ces vieux jours une Dame,
　　Oüi da, oüi da, Dame sterile ;
Contre le cours & l'ordre de nature,
　Anne conçoit, le croira t-on ?
　　Oüi da, oüi da, la Vierge pure.
Marie est donc pour devenir la Mere
　De cet Enfant ; dont Dieu seul est,
　　Oüi da, oüi da, seul est le Pere.
Vierge sans prix, & vous, B. Anne,
　Par vos faveurs faites-nous voir,
　　Oüi da, oüi da, du Ciel la Manne !
Mon doux Jesus, agréez nos services,

Afin qu'un jour nous ayons part,
Oüi da, oüi da, dans vos délices.

Dialogue de Dieu & de saint Gabriel, Ambassadeur du Mystere de l'Incarnation.

Gabriël, viens-t'en à moi,
Laisse l'Angelique bande.
Promptement dispose-toi
D'aller où je te commande,
J'ai bien voulu choisir
Pour accomplir mon desir.

 O divine Majesté,
Que vous plaît-il que je fasse ?
Je suis dans l'humilité
Devant vôtre sainte face,
Pour obéïr simplement
A vôtre commandement.

 Esprit prudent & discret,
Rempli de force & puissance,
Tu porteras le secret
De nôtre divine Essence ;
Sois donc très-prompt & leger
Pour en être Messager.

 Je suis l'humble serviteur
De vôtre Grandeur benigne,
Je tiens d'en être porteur
Pour une faveur insigne,
Commandez-moi, je suis prêt
De faire ce qu'il vous plaît.

 Afin que tu sois mieux vû
Par une forme sensible,
Tu seras d'un corps pourvû
Qui soit à ses yeux visible,
Te couvrant d'un bel habit,

Pour lui faire ton débit.
   Mon Dieu vous sçavez très bien
Que l'humaine créature
Ne pourroit pas voir en rien
Mon Angelique Nature, L'homme sujet au trépas,
Voir un Esprit ne peut pas.
   Descens donc dans ce moment
Sous cette voute étoillée,
Et porte ton mouvement
Tout droit dans la Galilée,
Puis étant dans Nazareth,
Voy l'Epouse de Joseph.
   O grand Dieu de quelle voix,
De quelle diserte langue
Pourrois-je bien cette fois
Prononcer cette harangue ?
Incomparable Grandeur,
D'être vôtre Ambassadeur.
   Dis-lui que d'un cœur paternel
Je veux qu'elle soit la Mere
Du sacré Verbe éternel,
Dont je suis le divin Pere,
Sans que sa Virginié   Perde son integrité.
   Si sur vôtre Mandement
Elle fait quelque demande,
Sçavoir par qui mêmement
Se fera cette Oeuvre grande,
Ne faudra-t-il pas, mon Dieu
Lui repondre sur le lieu ?
   Dis lui que le saint Esprit
Fait cet Oeuvre sans égale,
Formant le Corps de mon Christ
Pris de sa chair Virginale,
Sans qu'en ceci le pouvoir

Des mortels ait rien à voir.
    Pour l'assûrer de la Foi
De vôtre Toute-puissance,
Dirai pas, ô grand Roi,
Qu'elle ait dans vous confiance ?
Dans vous qui comme Puissant
Le monde allez regissant.

    Tu pourras bien, Gabriël,
Assurer cette Ame sainte,
Que hors le tems naturel,   Elizabeth est enceinte;
D'un Enfant son Successeur,
Du mien digne Precurseur.

    Elle fera son devoir,   De vous être obéïssante;
Voyant que vôtre pouvoir,
Rend la sterile abondante,
Croyant même de surplus
Que vous pouvez beaucoup plus.

    Lors qu'avec docilité,   Elle se rendra fidele;
Mon Fils son Humanité
Doit prendre en même-tems d'Elle,
Pour sauver tous les humains
Par cet Oeuvre de mes mains.

    Je vais donc vôtre sujet
Dessus la terre descendre,
Et vôtre divin Projet
A la Vierge faire entendre,
Observant entierement
Vôtre saint Commandement.

De l'Ambassade du Mystere de l'Incarnation ; Sur l'Air : Vous dois je reveler ?

LE tems que l'Eternel avoit toûjours connu
    Pour le salut du monde étoit venu,
    Lors que l'on vit une Fille choisie

Dans Nazareth pour Mere du Messie.
L'Archange Gabriël celeste Ambassadeur,
 Lui déclara ce titre de Grandeur,
 En lui disant, Vierge, je vous saluë,
 Pleine de grace, & de Dieu Mere éluë.
Ces mots quoi que bien doux, donnerent de la peur
 A son esprit, en ce mettant au cœur
 A quoi tendoit sa façon non commune
 De saluer une Fille si jeune.
Chassez de vôtre esprit ce saint étonnement,
 Lui dit l'Archange, & croyez seulement
 Que ce grand Dieu vous va faire une grace
 Qui doit sauver toute l'humaine race.
Vous concevrez un Fils, dont la Nativité
 Ne peut blesser vôtre virginité,
 Il doit tenir le Sceptre de son Pere,
 Et delivrer son peuple de misere.
JESUS sera son Nom par le Ciel ordonné,
 Qu'aura l'Enfant si tôt qu'il sera né,
 Il deviendra puissant & magnifique,
 Et du Très-haut il sera Fils unique
Si vous me demandez comment cela se peut ?
 Je vous dirai que c'est Dieu qui le veut,
 Le saint Esprit veut contre la Nature
 Que vous soyez & Mere & Vierge pure.
Mon Dieu, qu'il me soit fait selon vôtre bonté,
 Dit ce Vaisseau de toute pureté ;
 Dans ce moment, selon la Prophétie,
 Elle devint la Mere du Messie
Dans cet autre moment des neuf mois accomplis,
 Son Champ fleuri mit au jour ce beau Lis,
 Le Fils de Dieu les délices du monde,
 Tout l'Univers étant en paix profonde.

Ancien Dialogue de l'Annonciation.

CHantons je vous en prie
Du profond de nos cœurs
A l'honneur de Marie
Ses divines grandeurs,
Qui prend son excellence
D'un Principe éternel,
Et sa noble naissance
De l'ordre paternel.
   Lors qu'elle fut dans l'âge
Environ de trois ans,
Il en fut fait hommage
Par ses pieux Parens
A Dieu dans son saint Temple,
Afin que nuit & jour
Sa belle Amey contemple
Les Loix de son Amour.
   C'est où la fille sainte
D'une extrême ferveur,
Lui consacre sans feinte
Et son ame & son cœur,
Pour n'avoir que lui même,
Dans ce séjour heureux,
Et sa Bonté suprême
Pour l'objet de ses vœux.
   Mais Dieu qui la destiné
Par un Arrêt donné
Pour la Mere divine
De son Verbe Incarné

Lors qu'elle fut nubile,
Lui donne saint Joseph
Pour lui servir d'azile
Et d'Epoux & de Chef.
   Dans l'heure destinée
Par la sainte Sion,
De la grande Journée
De l'Incarnation
La Sagesse éternelle
Qui sçait tout ordonner,
Lui fait porter nouvelle
Qu'elle veut s'Incarner.
   Nous direz-vous Marie
Qui fut l'Ambassadeur,
Dont vôtre ame cherie
Vit la belle splendeur?
Ce ne fut pas un Ange
Pour cette illustre fin,
Mais Gabriël Archange,
Et même Seraphin.
   O Vierge incomparable,
Dites-nous par bonté,
Quelle forme agréable
Il avoit emprunté?
Un brillant de lumiere
Qui descendoit des Cieux
En frappant mes paupieres
Parut devant mes yeux.
   Obligeante Marie,
Commençant à le voir,

Une sainte saillie
Vous fit-elle émouvoir ?
Oüi lors dès mon enfance
Je conçus le dessein
De ne donner naissance
Qu'à Dieu seul dans mon
 sein.
 Au nom de Dieu, Marie,
Dites-nous le discours
Dont vous fûtes fleurie
Pour les divins Amours ?
Dieu soit dans vous, ma
 Reine,
Votre sort est beni,
De la grace êtes pleine
Par l'Amour infini.
 Nous direz vous, Marie,
Où vous étiez pour lors ?
Fûtes-vous pas ravie
Dans de divins transports ?
Dedans la Galilée
La belle Region,
Dans l'ame fut comblée
De celeste action.
 O parfaite Marie !
Quel étoit donc le but
De cet Ange, en partie,
Dans ce noble salut ?
Vous deviendrez feconde
Sans perte, en verité,
La perle sans seconde
De votre integrité.
 A ces propos, Marie,
De grace obligez nous,

Vous voyant avertie,
Que répondîtes-vous ?
Comment se pourra faire
Cet œuvre surprenant ?
J'ai promis le contraire
Par un vœu permanent.
 O très-sage Marie !
Que dit donc Gabriel
A vôtre œil qui varie
A ce dessein du Ciel ?
N'ayez aucune crainte,
Ce n'est rien moins qu'un
 Dieu
Dont vous ferez enceinte
Par amour dans ce lieu.
 Admirable Marie,
Crûte-vous fermement
Ce qu'il vous certifie
Dans ce pressant moment
J'adorai sans remise
Sa divine Bonté,
Et pris pour ma devise
Sa sainte volonté.
 Mais par faveur entiere
Cet Ange étant sorti,
Dites-nous la maniere
De votre heureux Part ?
Au moment que mon ame
Eut fait l'acte de foi,
Une celeste flamme
Forma mon Fils dans moi,
 O très-pure Marie,
Ressentîtes dans vous
Quelque marque de vie

De ce divin Epoux ?
Infiniment aimable
Fut l'operation ;
Et l'effet ineffable
De sa formation.
　Nous direz vous Marie,
De ce secret divin
Toute l'œconomie,
Dites-nous en la fin ?
Le saint Esprit assemble
Dans un même Sujet
Le Verbe & l'homme en-
　semble ;
Pour n'être qu'un Objet.
　O divine Marie,
Les neuf mois accomplis,
Vôtre Terre fleurie
Eut-elle ce beau Lys ?
Dans une paix profonde
Par un don de faveur,
Nâquit de tout le monde
Le Messie & Sauveur.
　Nous direz-vous Marie,
Le Louvre imperial ?
Fut-ce en chambre garnie
D'un beau Palais Royal ?
Helas ! dans une Etable
Ouverte aux environs
Du tout inhabitable,
Sans late ni chevrons.
　Dans cet état, Marie,
Qui vint vous assister ?
Dedans cette Ecurie
Vint-on vous visiter !

Pas un homme ni femme
N'en eut compassion,
Non plus que d'un infâme
D'étrange Nation.
　Mais du moins ô Marie,
Les Laboureurs des
　champs
Vous ont ils point cherie,
Ou bien les gros Mar-
　chands ?
Je fus abandonnée
Par ces gens inhumains
Toute cette journée
Sans secours de leurs
　mains.
　Trop aimable Marie,
Même les Pastoureaux
Qui gardoient en prairie
Leurs moutons & Tau-
　reaux ?
Ceux-la m'ont fait con-
　noître
La bonté de leurs cœurs,
Et par effet paroître
Qu'ils étoient les vain-
　queurs.
　Encore un mot, Marie,
Les gens de grands pou-
　voir
De toute la Patrie
Vous sont ils venus voir ?
Trois puissans Personna-
　ges
Sont venus de bien loin

B

Pour rendre leurs hommages
A mon Fils sur du foin.
O divine Marie,
Qui fut l'honnêteté
Que cette compagnie
Fit à sa Majesté ?
L'Encens au Dieu suprême,
L'Or au Roi souverain,
Et la Mirrhe à Dieu même
Vêtu de corps humain.
Mille reconnoissances
Nous vous presentons tous,
Des grandes complaisances
Que vous avez pour nous
Obtenez nous la grace
D'en tirer nos profits,
Et l'amour efficace
De vous & votre Fils.

Autre de l'Annonciation & de la Visitation.

UNe Vierge parfaite
De noble cœur ;
Prioit dans sa chambrette
Son Créateur,
Lors que du Ciel
Un Nonce salutaire
Lui vint dire un mystere
Du Conseil éternel.
 L'Ambassadeur celeste
Plein de splendeur,
D'une façon modeste,
Mais de grandeur,
Honnêtement,
Devant cette Ame sainte
Saisie un peu de crainte,
Fit ce beau compliment.
 Bon jour pleine de grace
Le Roi des Rois
Par amour efficace,
Fait de vous choisir
Pour départir
Par vous une merveille
Qui n'a point de pareille
Voulez-vous consentir ?
 Ange, je suis surprise
De vos discours,
Mon ame est bien soûmise
A Dieu toûjours ,
Mais par bonté,
Dites-moi, cette Affaire
N'est-elle point contraire
A ma virginité.
 Que votre esprit, Marie,
Soit en repos,
C'est Dieu qui vous en prie
Très à propos,
Dans un moment
Vous le pourrez connoître

Si vous faites paroitre
Votre consentement.
  C'est une œuvre admirable
Du Souverain,
Qui n'est point imitable
D'esprit humain,
En verité,
Votre ame virginal
Sera toûjours égale
Dans son integrité
Celui qui prend naissance
Dedans les Cieux,
Dans la divine Essence
Vient dans ces lieux,
Pour desormais
Subir toute la peine
Que la nature humaine
Meritoit pour jamais.
  Vous aurez l'avantage
Pour une fois
De posseder ce Gage
Pendant neuf mois,
Puis dans le tems
Qu'il aura pris naissance,
Jesus par excellence
Sera nommé l'Enfant.
  Cette faveur insigne
Charme mon cœur,
Bien que je sois indigne
De cet honneur,
Puisque mon Dieu
Veut bien que j'y consente
Sa très-humble servante,
Je le veux sur le lieu.
  Ayant donné parole
Pour ce dessein,
Le saint Esprit s'envole
Dedans son sein,
Formant un corps,
Et lui donnant un ame,
Qu'il unit par sa flamme
Au Fils de Dieu dés-lors.
  D'une si grande grace
Le mouvement,
Lui fait quitter la place
Dans le moment,
De Nazareth
Une ferveur divine,
La porte à sa cousine
La grande Elizabeth.
  Par la forte abondance
De tant de Dons
Elle fait diligence
Passans les Mons
A pas courans,
L'Amour la rend agile,
Elle entre au Domicile
De ses pieux parens.
  Elizabeth s'écrie
A son abord,
Elle embrasse Marie
Dans un transport,
O quel bonheur !
Sans que je le merite,
De me rendre visite,

B ij

Mere de mon Seigneur.
Vous êtes bien-heureuse
Vous avez crû,
Mais bien plus genereuse
D'avoir voulu,
Puisque dans vous,
L'Eternelle Sagesse
Accomplit sa promesse
De se donner à nous.
Je rends mille loüanges
A mon Sauveur
Avec les Chœurs des Anges
De sa faveur,
De ce bien fait
Tous les Hommes du monde
Me diront sans seconde,
Après mon Fils parfait.
Sa Majesté suprême
Nous a fait voir
De son amour extrême
Le grand pouvoir,
En unissant
Sa Grandeur Souveraine
A la nature humaine

Par son bras tout puissant
Il a fait ses largesses
Aux affamez,
Et rempli de richesses
Ses bien aimez,
Mais renversé
Par sa toute puissance
La superbe insolence
Du demon traversé.
Rendons lui mille graces
De ses bontez,
Et rendons efficaces
Ses volontez,
Par un retour
De notre plus intime
A la flame sublime
De son divin Amour.
Nous vous faisons priere
De notre mieux
Puisque vous êtes Mere
Du Roi des Cieux,
Obtenez-nous
Un jour la joüissance
De sa sainte presence
Pour jamais avec vous.

Autre Noël ancien refait, sur un air du tems.

CHantons Noel à l'honneur & la gloire
D'un digne Objet d'éternelle memoire,
C'est cette Epouse charmante
Dont Dieu même est amoureux,
Et la plus fidele Amante.

des Cantiques de Noels.

De cet Etre bien heureux ;
Puisqu'en beauté c'est la rare merveille
Dont la vertu n'eût jamais de pareille.
    Son Verbe infiniment sage
    De son amour tout épris,
    Lui dépêche pour message
    Un Archange bien apris,
En lui disant, descens dans ce bas monde
Pour saluer une Ame sans seconde.
    Cet Ambassadeur fidele
    Dans un moment descendit,
    Parut devant cette Belle,
    Et fort doucement lui dit,
Dieu soit dans vous, trop aimable Marie
Il vous choisit pour sa Mere cherie.
    La sainte Fille surprise
    D'entendre un tel compliment,
    Bien que d'une ame soûmise
    Lui repartit humblement,
Comment cela se pourra t-il donc faire
Puisqu'à mon Dieu j'ai promis le contraire ?
    Il est vrai, Cœur Angelique,
    Mais ne craignez rien d'humain,
    C'est la Vertu magnifique
    De l'Esprit du Souverain ;
Qui vous choisit comme sa digne Mere
Pour accomplir ce Mystere sans pere.
    Le Fils qui prendra naissance
    Dans votre sein virginal
    Est dans la divine Essence
    A son Pere en tout égal,
L'Objet sacré de ses pures délices,
Qui vient sauver le monde des supplices
    Par un discours si sublime

A ce Sujet si charmant,
Son cœur touché dans l'intime
Donna son consentement,
Lui répondant sans aucun hyperbole,
Qu'il me soit fait selon votre parole.
    Pour accomplir ce Mystere
    Le saint Esprit a dessein
    De remplir son ministere,
    Descendit dedans son Sein,
En unissant par un prodige étrange,
Par sa vertu l'homme à Dieu sans mélange.
    Sans aucune difference
    De tems ni de mouvement,
    Cet Agent par excellence
    Les unit dans un moment.
Mettant ainsi par une union pure
Dans un Supost l'une & l'autre Nature.
    Enfin la divine Mere
    Dans le terme de neuf mois
    Portant son Fils & son Pere,
    Mit au jour le Roi des Rois
Dessus du foin dans une pauvre Etable,
Sans autre appui que de Joseph aimable.
    Si-tôt que ce Fils unique
    Fut né dedans ces bas lieux,
    Un Ange entonne en musique,
    Gloire à Dieu dedans les Cieux;
Comme aux humains d'une volonté bonne
La Paix qu'un Dieu par son Dauphin leur donne.
    A ce bruit en diligence
    Des Pasteurs sont accourus,
    Qui dans leur grande indigence
    Les ont bien tôt secourus,
Lui presentant de bon cœur leur offrande

des Cantiques de Noels.

Et lui faisant tour-à-tour leur demande
 Allons tous par la Prairie,
 Faire présent de nos cœurs,
 A Jesus, Joseph, Marie;
 Demandons leur des faveurs,
Et les prions de nous faire la grace
De les aimer d'un amour efficace.

Autre Ancien : Sur l'air de *Cassandre*.

JE suis Marie,
 Le Vaisseau précieux,
Fille-cherie
 Du Monarque des Cieux;
Je suis la Mere du Messie
 attendu
Et prétendu,
 Du Messie attendu.
 Je suis la Vierge
Que Dieu fit par amour,
Je suis Concierge
De sa divine Cour,
Devant les siecles je pris
 possession,
Dedans Sion
Je pris possession.
Dieu me destine,
Pour vous pauvres pe-
 cheurs,
Ma medecine
Doit guerir vos lan-
 gueurs,
Je suis l'Amante que
 Dieu voulut choisir
A son plaisir,

Que Dieu voulut choisir
Je suis sa Mere,
Et fille également,
Il est mon Pere,
Et mon Fils mêmement,
Me rendant humble, je
 reçûs cet honneur
De mon Seigneur,
Je reçûs cet honneur,
 En solitude
Dans ma pauvre maison,
Par habitude
Faisant mon Oraison,
Gabriël Ange de Dieu
 fut envoyé
Me dire, *Ave*,
De Dieu fut envoyé.
 Bonjour, Marie,
Dit cet Ambassadeur,
Soyez fleurie
D'un titre de Grandeur,
De vous doit naître le
 Roi du Firmament
Assurement,
Le Roi du Firmament.

Comment l'affaire
Peut-elle réüssir,
Etant contraire
A mon plus grand desir ?
Car ma promesse je lui tiendrai toûjours,
Et mes amours
Je lui tiendrai toûjours.

Ame d'élite,
Demeurez en repos,
Je vous invite,
D'écouter mes propos,
C'est un Ouvrage de la puissante main,
Du Souverain
De la puissante main.

Je suis servante
Très soûmise à mon Dieu
Et très-contente
De lui plaire en tout lieu,
Dans moi soit faite sa sainte volonté,
Par sa Bonté
Sa sainte volonté.

A la même heure
Le Fils de Dieu s'unit,
Et fit demeure
Dans son ventre benit,
Portant sans peine l'espace de neuf mois,
Le Roi des Rois,
L'espace de neuf mois.

Dans une Crêche,
La Vierge l'enfanta
Sur l'herbe seiche,
Comme un Ange chanta
Vers les montagnes
Parlant à des Bergers,
Dans leurs Vergers,
Parlant à des Bergers.

A Dieu soit gloire,
Paix en terre aux vivans,
D'une victoire
Je vous ferai sçavant,
Sans plus attendre, courez par monts & vaux,
Bons Pastoureaux.
Courez, &c.

Le vrai Messie
Est du Ciel descendu
Pour donner vie
Au pauvre homme perdu,
Qui d'une Vierge est né divinement
Presentement
Est né divinement.

Aux voix des Anges
Les Pasteurs sont courus
Porter des langes
Au saint Enfant Jesus,
Faisant sans-cesse retentir leur Haut-bois
Parmi les bois,
Retentir leur Haut-bois.

Noel ancien des Eloges de la Sainte Vierge.

Salut, Rose vermeille,
Beaume très-précieux,
La plus rare Merveille
De la Terre & des Cieux,
Rare Merveille de la, &c.

 Le Sauveur de ce monde,
Fit dans vous son séjour,
Dans vous comme feconde
En pureté d'amour,
Comme feconde, &c.

 Gabriël des Archanges
Fut du Ciel envoyé
Vers vous, Reine des Anges,
Pour vous dire un *Ave*, Reine, &c.

 Sans commerce de pere,
Vous avez la faveur
D'être la Fille & Mere
De nôtre doux Sauveur, la, &c.

 Vous êtes fans feconde
Sur les femmes qui sont,
Toute la Terre & l'Onde
Obligez vous feront, la, &c.

 Vous êtes l'excellence,
Et des Vierges la fleur,
La très-pleine abondance
De grace & de douceur, pleine, &c.

 Vous êtes la Fontaine
De toute pureté,
Et le riche Domaine
De toute fainteté, riche, &c.

 Vous paffez en merite
Des Saints les plus beaux traits,

Comme une Ame d'élite,
Divins sont vos attraits, Ame, &c.
　　Toute la plenitude
Des plus grands Dons de Dieu
Dans vous par habitude,
Se fait voir en tout lieu, Par, &c.
　　Obtenez-nous des graces
De votre Fils Jesus,
Pour les rendre efficaces
Imitant vos vertus, rendre, &c.
　　O la Reine des Dames,
Conduisez par amour
Un jour toutes nos Ames
Dans la divine Cour, toutes, &c.

Autre de la Ste. Vierge ; Sur l'air de la Duchesse.

PRincesse de tout l'Univers,
　Voici le tems qu'on chante vos loüanges
Avec tous les Anges
Sur des tons divers,
Vous nous donnez un Dieu rempli de gloire,
Qui sur la mort remporte la victoire ;
　Heureux dessus la Terre
　Qui craint le Sauveur,
　Plus heureux qui l'enserre
　Au fond de son cœur,
　Pour vivre d'une vie
　Qui rend nôtre ame ravie,
　Voyant ce cher Enfant
　De nos maux triomphant.
Jamais on ne vit dans le Ciel
Tant de concerts ni de réjoüissance
Qu'à cette Naissance　　Du Dieu d'Israël,
Tous les Esprits des neuf Chœurs Angeliques

Charment les Airs par leurs divins Cantiques,
 Les Bergers, les Monarques,
  Les oiseaux des Champs
 Donnent tous quelques marques
  Par leurs doux accens,
  Que l'attendu Messie
 Venoit de naître en Asie,
  Pour laver par ses pleurs
  Les ames des pecheurs.
Reine de la Terre & des Cieux,
Dans ce saint tems vous avez l'avantage
D'oster l'esclavage   Qui regne en ces lieux,
Ne souffrez plus qu'on peche dans le Monde,
Puisque par vous en faveurs il abonde;
  Vous êtes notre Mere,
   Sauvez vos enfans,
  Envers Dieu notre Pere,
   Rendez-nous puissans,
  Que Jesus adorable
  Nous soit aussi favorable,
  Pour posseder un jour
  L'objet de notre amour.

Autre nouveau de la Naissance de Notre-Seigneur,
Sur l'air, de la Duchesse,
Dialogue des Anges & des Bergers.

GLoire soit au grand Roi des Cieux,
Qui dans ce jour, pour exempter de peine
 La Nature humaine,
 Naît dans ces bas lieux;
Mes chers Amis, écoutés-je vous prie,
J'entens chanter dedans cette prairie;
 Mettez fin à vos plaintes,
  Trop heureux Bergers,

Dieu pour ôter vos craintes,
　　Vient briser vos fers :
Quoi donc, notre doux Maître
A bien voulu naître
　　Et pour nous affranchir,
　　Se soumettre à souffrir.
　Allez vîte, sans plus tarder,
Vous trouverez dans la prochaine étable
　　Cet enfant aimable
　　Qui vient vous sauver !
Dans une étable est né le Roi de gloire !
Qu'en dites-vous ; le pourrons-nous bien croire ?
　　Vous verrez sur la paille
　　Ce grand Roi des Rois,
Qui n'a pas une maille
　　Pour avoir du bois ;
　　Le Dieu de la Nature
Souffrit pour sa créature !
　　Admirons dans ce jour
　　L'excès de son amour.
　Ce n'est pas assez d'admirer,
Il faut tâcher de soulager ses peines,
　　Lui portant des laines
　　Pour le rechauffer,
Nous allons tous dans notre Bergerie
En demander pour porter à Marie ;
　Adieu ; Bergers fideles
　　Vivez bien-heureux,
Apprenez ces nouvelles
　　Dans les prochains lieux ;
　　Adieu, Troupe Angelique,
Par votre aimable musique,
　　Loüez ce Dieu d'Amour
　Dans la celeste Cour.

L'Amour triomphant dans l'Incarnation : Sur l'air de
Baptiste ; *Grand Roi*.

GRand Dieu ! quel dessein votre Amour vous inspire,
De quitter votre Empire ?
Vôtre bon-heur & vos Grandeurs,
Vos divines splendeurs,
Votre Etat triomphant,
Pour prendre celui d'un Enfant,
Dessus du foin gemissant !
C'est cet amour intime,
Qui vous jette dans l'abîme   Du neant
Pour nous servir d'échelle au Firmament,
Par un coup ravissant   De votre bras puissant
Qui va les Hommes pressant
Par une faveur si sublime,
De vous rendre au moins tant pour tant,
Amour ! qui pourroit concevoir ton adresse ;
Ta divine sagesse,
D'unir par ton sacré lien
L'homme ou Souverain bien,
La terre avec le Ciel,
Le temporel à l'Eternel,
Vit-on jamais rien de tel,
L'Invincible au Visible,
Le Passible à l'Impassible,
Le Mortel, Avec l'integrité de l'Immortel,
L'estre surnaturel Avec le naturel,
Par un Composé formel,
Dont tu rend Dieu même sensible
Pour l'immoler sur ton Autel.
Amour ; voudrois-tu jetter dedans mon ame
Cette amoureuse flamme,

Dont tu fais descendre des Cieux
  Le feu dans ces bas lieux,
   Pour en brûler mon cœur,
Et t'en rendre le doux Vainqueur
  Par ta charmante liqueur,
Et l'effet efficace des mouvemens de ta grace,
   Dont l'ardeur
Me donne incessamment de la vigueur,
   Afin qu'avec ferveur
   Je suive mon Sauveur,
   Et secondé par ta faveur
   Je merite de voir ta face,
   Et goûter ta douce faveur.

Le triomphe de l'Amour: Sur l'air; *Vos mépris trop ingrate Iris.*

DIeu d'Amour,   Voici donc le jour,
  Où tes attraits,
Tes charmes, tes fléches, tes traits
Ont surmonté La Majesté Du Tout-puissant.
 Pour le rendre Enfant,   L'assujettissant
  Aux cris, aux pleurs, Aux grandes rigueurs,
Du froid, du chaud, du soin & des langueurs
Tu veux, Amour, un Dieu sujet,
Quel est ce projet ?
Tu veux unir le Tout avec rien,
A quel dessein ?
 Le foible & le fort,   La vie & la mort,
Le tems, l'éternité,
Le Sceptre & la captivité;
 Par quel bonheur   Es-tu vainqueur ?
Quoi ! petit inconnu,
Tu dépouille ton Dieu tout nud ?
 Amour triomphe-tu du Roi des Cieux

Le bandeau sur tes yeux ?
Mets-tu le Dieu de l'Univers
Au plus rigoureux des Hyvers ?
Avec de vils Animaux,
Et cinq ou six Pastoureaux ? Quel zele !
Faut-il qu'un Dieu souffre cent maux ?
Un Dieu la splendeur éternelle !
Tu le fais sur tes Autels,
S'éclipser & payer le peché des Mortels.

Les Prodiges de l'Amour dans l'Etable : Sur un Diminutif de la Duchesse

Est-ce un Dieu que je vois logé dans une Etable,
  Qui paroît à nos yeux si pauvre & miserable ?
Non, Dieu si grand ne peut dans un lieu si borné,
    Demeurer incarné.
  Mais n'est-ce point un feu, dont les divines flames
S'élancent ici bas pour embraser nos ames ?
Non, le feu ne peut pas à la paille être joint,
    Et ne la brûler point,
  N'est-ce point un Soleil qui voilé d'un nuage
Les rayons enflamez de son brillant visage,
Non, Phœbus ne peut pas quitter le haut des Cieux
    Pour descendre en ces lieux.
  Mais n'est ce point aussi quelque puissant Monarque
Qui vient dompter le Monde, & terrasser la parque,
Non, puisque l'on ne voit dans son triste Convoi
    Rien qui sente le Roi.
  Je vois bien toutefois au Ciel tant de lumieres,
Dans ses yeux tant de feux qui frapent mes paupieres
Tant d'escadrons rangés autour du nouveau Né,
    Que j'en suis étonné
  Ah ! je m'en doute bien, c'est un Dieu de clemence
Qui cache sa grandeur dessous notre impuissance,

Que l'effort de l'Amour fait naître en ce bas lieu
Pour changer l'homme en Dieu.
C'est un feu devorant qui vient fondre nos glaces,
Et rechauffer le monde aux flâmes de ses graces,
Qui souffre de l'Hyver les cuisantes rigueurs,
Pour embraser nos cœurs,
C'est un nouveau Soleil, dont la lumiere éclypse
Pour montrer à nos yeux son visage propice,
Et qui pour nous parer de sa vive clarté,
Prend notre obscurité.
C'est un Roi triomphant de Puissance divine,
Qui voile un cœur royal d'une forme enfantine,
Afin que les mortels changent dans ce beau jour
Leur crainte en son Amour.
C'est un Roi, c'est un feu, Soleil, & Dieu suprême,
Puissant, brûlant, luisant, d'une grandeur extrême,
Qui voulant que je sois Dieu, feu, Soleil, & Roi
Naît aujourd'hui pour moi.

Autre, sur une ancienne Courante à la Reine.

Qui croiroit qu'un Enfant tout nu
Né sur le fêtu,   Eut le pouvoir
Dans l'Univers de faire tout mouvoir ?
Les libertins révérent son Empire,
Et l'on peut dire   Leur liberté
Est sous les pieds de sa Divinité.

Au point que naît ce Dieu d'amour
Tous les cœurs font jour,   Même les Rois
Ouvrent les mains pour embrasser ses Loix,
Les plus mutins quittent leur réverie,
L'idolatrie ! Pour n'avoir plus
De Déité que celle de Jesus.

Son Regne, quoique dur d'abord,
Est un siécle d'or ;   Et précieux

des Cantiques de Noëls.

Qui donne aux siens le Royaume des Cieux,
Qui voudroit donc n'avoir dans sa Province
Un si bon Prince ?   Jamais pour moi,
Jamais, jamais, je n'aurai d'autre Roi.
     Les Pauvres dedans son Palais,
Ont autant d'accès   Que les plus Grands,
Qui dans la Cour tiennent les premiers rangs ;
Un Berger est digne d'un diadême.
Pourvû qu'il aime;   Enfin l'Amour
Nous fait avoir les charges de la Cour.

Le Cantique des Anges : Sur l'air, Ah que l'Hyver est agréable. On antre.

CElébrons d'un air en Musique
La Naissance du Roi des Rois,
Et tachons d'accorder nos voix
Au ton de la Troupe Angelique,
Loüons cet Enfant nouveau né,
Qui nous est aujourd'hui donné.
     Que la voix à l'Orgue s'accorde,
Le Tenor avec le Baffus,
Le Contra Tenor le Deffus,
Au Serpent l'Instrument de corde
Que le Cornet hauffant le ton,
Donne l'air à notre Chanson.
     Pasteurs, entonnons donc sans feinte
Ce que l'on chante dans les Cieux ;
Gloire à Dieu dans les plus hauts lieux,
Et qu'en Terre vivent sans crainte,
Ceux dont la bonne volonté
Attire sur nous sa Bonté.
     Nous vous loüons entre les langes,
Cher enfant, nous vous adorons,
Nous bénissons, nous honorons

Avec tous les neuf Chœurs des Anges,
L'Amour qui dans un bas lieu
Vous a fait naître un Homme-Dieu.

 Nous vous rendons très-humbles graces
Pere éternel, de vos Grandeurs,
Dieu Tout-puissant, Roi de nos cœurs,
Qui par vos bontés efficaces
Nous avez donné votre Fils,
Et par lui droit au Paradis.

 Et vous qui procedez du Pere,
Sans Mere dans l'éternité,
Le second de la Trinité,
Retirez-nous de la misere ;
Agneau, victime de nos mœurs,
Daignez écouter nos clameurs.

 Vous qui tenez proche du Pere,
Assis le lieu plus éminent,
Et dont le Trône est maintenant
Les bras & le sein d'une Mere ;
Venez sauvez le Genre humain,
Offrez à sa chûte la main.

 Puisque dans vous seul on admire
De la Sainteté la grandeur,
Et que le Pere en sa Splendeur,
L'Esprit saint avec vous respire,
Donnez-nous la Divinité,
Prenant de nous l'Humanité.

Le Pseaume 97. Cantate : Sur l'air ; Sortez de vos Bergeries, &c.

CHantez un nouveau Cantique
 A la gloire du Seigneur,
Et qu'une Fête publique
Reveille votre langueur ;

Il a rempli les Oracles,
Et du tresor de ses mains
Mais le comble à ses Miracles
Pour le salut des humains.
 Enfin nous voyons paroître
L'Auguste & divin Sauveur,
Il se fait à tous connoître
Par une insigne faveur ;
Le Ciel pleure, & la Terre ouvre,
A ce germe de Salut,
Il sort, chacun le découvre,
Il étoit tems qu'il parût.
 Un Dieu de misericorde
Ne peut oublier les siens,
Et toûjours il leur accorde
Plus qu'il m'a montré de biens ;
Jacob seul eut les promesses
Entre les Peuples divers,
Et l'effet de ses largesses
S'étend à tout l'Univers.
 Sus donc, que toute la Terre
Exalte aujourd'hui ce Dieu,
Que le Luth & la Guittarre
Retentisse en chaque lieu ;
Que la Harpe & l'Epinette,
Que la Flûte & le Haut-bois
Accompagnent la Trompette
A l'honneur du Roi des Rois.
 Celebrez ce Dieu sans cesse
Dans son heureux jour natal,
Qu'un Occean d'allegresse
Trouble son vaste cristal ;
Et que la pesante masse
De la Terre en ce moment,

Sensible à sa sainte Grace,
Tremble jusqu'au fondement.
   Que les Fleuves par cadence
Roulent leur flots argentins,
Que les Monts à sa présence
Courbent leurs sommets hautains;
Ce Dieu paroît sur la Terre
Pour exercer sa douceur,
Mais son Foudre & son Tonnerre
Redoubleront sa Rigueur.
   Usez d'un tems si propice,
N'attendez pas le revers,
Quand sur son lit de Justice
Il jugera l'Univers;
Ne vous plaignez point rebelles;
Le mépris de sa bonté
Fait que vos peine cruelles
N'excedent point l'équité.

Le Combat de Dieu & de l'amour; Sur l'air: A l'arme, à l'arme, &c.

O Soleil! arrête & contemple
  De Dieu, de l'Amour le combat?
Celui de Josué ne semble
Auprés de lui qu'un pure ébat :
A l'arme à l'arme, à l'arme,
L'Amour contre Dieu prend les armes.
   O prodige! le Ciel, la Terre,
La Mer, les Anges, les Humains
N'ont jamais vû pendant la guerre,
De si grands Rois venir aux mains :
A l'arme, à l'arme, à l'arme,
L'amour contre Dieu prend les armes.
   Le champ du combat une Etable;

Les spectateurs des Animaux,
Le tems, l'Hyver insuportable,
Et l'heure, la nuit aux flambeaux :
A l'arme, à l'arme, à l'arme,
L'Amour contre Dieu prend les armes.

 Les Combattans sont dans l'enfance,
Dieu fait Homme enfant tout nouveau né ;
Et l'amour qu'à sa ressemblance,
L'Art des Peintres nous a donné : A l'arme, &c.

 Dans ce combat pour toutes armes
La foiblesse, la nudité,
Les alarmes sont pleurs & larmes,
La misere & la pauvreté : A l'arme, &c.

 Voyez ces petits Mars combattre
Sur une Créche dans un coin,
Voyez pour se mieux abattre
Ils sont tous deux nuds sur du foin : à l'arme, &c.

 La Majesté d'un Dieu demande
De ne prendre point l'être humain,
Mais d'autre par l'amour commande
De sauver l'œuvre de sa main ; à l'arme, &c.

 L'état d'un Dieu lui donne un être
Puissant, éternel, immortel,
Mais l'amour lui commande d'être
Infirme, temporel, mortel : à l'arme, &c.

 L'état veut qu'il tonne & demeure
Résident au plus haut des Cieux ;
Et l'amour que comme un Homme, il pleure
Abbaissé dans les plus bas lieux : à l'arme, &c.

 La Majesté veut qu'il commande,
Et pour tel qu'il soit reconnu ;
L'amour que son pain il demande,
Et que pauvre il n'aisse tout nud : à l'arme, &c.

 Amour, que grande est ta puissance,

Tes forces, tes armes, tes loix;
Puisque sous ton obéïssance,
Se rend le Monarque des Rois : A l'arme, &c.

O passant, qui ce duel contemple,
Se pourroit il bien que ton cœur
Pût servir à faire un beau Temple
A cet Amour d'un Dieu vainqueur : A l'arme, &c.

L'Amour victorieux, Sur l'air *Condé vous voila dans Vincennes*.

CE Roi des cœurs si redoutable,
Qu'aujourd'hui l'amour a blessé,
Nous fait bien voir dans une étable
Qu'il le rend pour nous insensé :
 Ha! quelle consumante braise
 Sort de cette ardente fournaise!
 Ha! quel bûcher; ha quel bûcher
 Dans le milieu de ce Rocher!

Ce nouveau né dans cette Roche
A des traits si forts dans ses yeux,
Que les moindres qu'il y déoche
Rendent les hommes demi Dieux : Ha! &c.

 L'écho qui ne peut se contraindre,
Voudroit bien dans l'air s'élancer,
Comme il n'a qu'une voix pour plaindre,
Avoit des bras pour l'embrasser : Ha! &c.

 L'amour l'a brûlé dans ces marbres,
Tout pleure icy d'aise à l'entour,
Même sur l'écorce des Arbres
L'on y voit des larmes d'amour : Ha! &c.

 Fût-il jamais flâme pareille,
Qu'à la paille le feu soit joint!
C'est néanmoins une merveille,
Que la paille ne brûle point : Ha! &c.

Mais à la fin quand je m'avise,
Ce Rocher si fort allumé,
Est le Buisson que vit Moïse,
Qui brûlé, & n'est point consumé : Ha ! &c.
  Amour se pourroit il bien faire
Que votre flamme dans mon cœur
Consumât tout le feu contraire,
Pour vous en rendre le vainqueur : Ha ! &c.
  Venez le posseder sans crainte,
Par votre divine bonté,
Je vous le consacre sans feinte,
Pour le tems & l'éternité : Ha ! &c.
  Faire que votre sainte flamme
Me brûle dans ce bas séjour,
Toûjours si bien le cœur & l'ame,
Que je puisse mourir un jour : Ha ! &c.
  Afin dans la divine essence
De brûler de ce feu divin ;
Dont, d'une pleine joüissance
Les Saints vous aimeront sans fin : Ha ! &c.

Autre, Sur l'air *de la Baviere.*

ENtonnons tous d'une voix unanime,
Entonnons tous des Cantiques d'amour,
A ce Dauphin, dont la grandeur sublime
Veut bien loger dans une basse-Cour.
  Il nous apprend ce tout obligeant
De lui donner de notre amour les marques,
En lui faisant un retour engageant.
  Il nous apprend de l'avoir en memoire,
Il nous apprend d'aimer l'abaissement,
Puis qu'il descend du Trône de sa Gloire
Pour nous donner ce bel enseignement,

Vive Jesus couché dedans la Créche,
Vive Jesus & son amour vainqueur,
Qui s'est rendu par un coup de fléche,
Pour un jamais le maître de mon cœur.
   Concluons donc, je ne m'en sçaurois taire,
Concluons donc, & sur des tons divers
Celebrons tous cet amoureux Mystere,
D'un Homme Dieu l'objet de nos Concerts,
Demandons-lui sa divine assistance,
Demandons-lui son amour & sa paix,
Et de joüir de la sainte présence
Dans les splendeurs de sa Gloire à jamais.

Les charmes de Jesus naissant; Sur l'air : *Condé &c.*

QU'on ne me parle plus de guerre,
Puisqu'il n'est plus tems désormais,
Et qu'un Dieu s'est fait Homme en terre,
Afin de nous donner sa paix :
   Allons visiter sa Naissance,
   Et pour honorer son Enfance,
   Chantons mes freres, vous & moi,
   Vive Jesus notre bon Roi.

   Ce Dieu d'amour incomparable,
Pour rémédier à nos maux,
Naît aujourd'hui dans une Etable,
Entre deux pauvres animaux,
   Ajustant à notre foiblesse
   Les Mysteres de sa Sagesse;
   Afin de nous unir à soi,
   Vive Jesus notre bon Roi.

   O Dieu ! l'ineffable Mystere,
Qui se passe en ce pauvre lieu
Qu'une Fille soit Vierge & Mere,
Que son Enfant soit Homme & Dieu ?

Ces deux natures sans mélange,
Font sa personne chose étrange :
Je le vois des yeux de la Foi,
J'en veux chanter vive le Roi.

 Quand je regarde la posture
Du Verbe dans l'Humanité,
Couché pauvrement sur la dure,
Vêtu de mon infirmité,
 Les sanglots poussent dans mon ame
 Le feu d'une si vive flâme,
Qu'étant ravi tout hors de moi,
Je vais criant, vive le Roi.

 Parmi les innocentes larmes
Que l'amour tire de ses yeux,
Il verse de si puissans charmes,
Que pensant être dans les Cieux :
 Mon cœur transporté d'allegresse,
 Afin de lui faire caresse,
Proteste de suivre sa Loi,
En lui criant, vive le Roi.

 Vive Jesus, vive sa Mere,
Vive son chaste Epoux Joseph,
Desormais vogue la galere,
Sans crainte d'échoüer la nef :
 Que l'Enfer gronde & qu'il enrage,
 Je suis garanti du naufrage,
Mon Redempteur est né pour moi,
Vive Jesus mon petit Roi.

―――――――――――

Cantique du saint Enfant Jesus; Sur l'air :
Sommes-nous pas trop heureux?

D'Un doux accent de nos voix
Dans un concert de Musique,
Faisons le Panegyrique

De Jesus le Roi des Rois :
C'est le Fils égal au Pere,
Qui tient sa Cour dans les Cieux,
Et naît ici d'une Mere,
Pour nous rendre tous des Dieux.

 Allons lui faire la Cour,
Et publier la nouvelle
Que la Sagesse éternelle
Fait icy bas son séjour ;
Quoiqu'il soit dedans les langes,
Que chaque Ordre des neuf Chœurs,
Chante qu'il est Roi des Anges,
Et le seul objet des cœurs.

 Allons briguer sa faveur,
Et l'adorer dans l'Etable,
C'est là qu'il est plus affable,
En qualité du Sauveur :
D'ailleurs, sçachez qu'il nous aime,
Qu'il est humble & qu'il est doux,
Que renonçant à lui-même,
Il s'est fait semblable à nous.

 Gloire au Pere, gloire au Fils,
Gloire au nœud qui les assemble,
Et que tous les trois ensemble,
Soient à tous jamais bénis ;
Pasteurs qui couchez sur l'herbe,
Faites retenir dans l'air ;
Le Pere a donné son Verbe,
Et le Verbe s'est fait chair.

Autre Sur l'air : *La Bergere Celimene.*

Celebrons tous la Naissance,
D'un petit Dieu nouveau né,
Qui dans l'état de l'Enfance,

Nous est aujourd'hui donné :
Ah mon petit Jesus Christ,
Donnez-moi le saint Esprit.

 Votre amour est admirable,
O suprême Majesté !
De vouloir dans une Etable,
Prendre notre pauvreté :
Ah ! mon petit Jesus-Christ,
Donnez-moi le saint Esprit.

 Des Bergers & des Bergeres,
Vous ont offert des présens,
Trois Rois sous de grands Mysteres :
La Myrrhe, l'Or, & l'Encens : Ah ! &c.

 Et moi quelle digne Offrande
Ferai-je à votre Grandeur ?
Je vous offre, sinon grande,
Du moins celle de mon cœur : Ah ! &c.

 Mon corps au lieu de la Myrrhe,
J'offre à votre Humanité,
Et mon Ame qui n'aspire,
Qu'à votre Divinité : Ah ! &c.

 L'Or de ma plus pure flame,
Je vous offre comme Epoux,
L'encens & le feu d'une Ame
Qui ne respire que vous : Ah ! &c.

La Bergere dans l'Etable voyant Jesus qui dort.
Sur l'air : *Ne l'éveillez pas.*

L'Ange nous ayant dit que Jesus étoit né,
Je cours en Bethléem pour voir ce Dieu donné,
Mon cœur qui soûpire va disant ; hélas ! ne vous
   lassez pas,
Allez devant mes soûpirs ne vous lassez pas.

 J'entrai dedans l'Etable où cet Enfant dormoit,

La belle Bible

Lors mon cœur soûpirant sentit qu'il le charmoit
Aussi-tôt j'approche de deux ou trois pas,
    En disant : hélas !
Allez tout doux, mes soûpirs, ne l'éveillez pas.

J'apperçûs ses deux yeux comme un double Soleil,
Dont les rayons étoient obscurcis du sommeil,
Ç'a que je le baise, disois-je tout bas,
    Mais je n'ose hélas !
Allez tout doux, mes soûpirs, ne l'éveillez pas.

Mon amour va croissant toûjours de plus-en-plus,
Et j'applique ma bouche à celle de Jesus,
Mon Dieu que de charmes, disois je tout bas !
    Soûpirant, hélas !
Allez tout doux, mes soûpirs, ne l'éveillez pas.

Je prens sa sainte main dans mon attrait vainqueur
Et la porte aussi-tôt tout droit dessus mon cœur,
Une sainte flame me fit dire, hélas !
    Mon Dieu que d'appas !
Allez tout doux, mes soûpirs, ne l'éveillez pas.

Mais tandis que j'étois à lui faire la Cour
En goûtant les douceurs de son divin Amour,
Sans y prendre garde lui touchant le bras,
    Je l'éveille, hélas !
Ne craignez plus mes soûpirs, Jesus ne dort pas.

Pardonnez, mon Seigneur, à la témérité
Qui m'a fait approcher de vôtre Majesté,
Je sens tant de flâmes dans mon ame, hélas !
    Je n'y pensois pas ;
Ne craignez plus mes soûpirs, Jesus ne dort pas.

Que si vous m'accusez de vous avoir fait tort,
Vous pouvez bien punir mon crime par ma mort,
C'est ce que mon ame souhaite icy-bas ;
    Quel bonheur, hélas !
De dire au Ciel à jamais, Jesus ne dort pas.

Le sommeil de l'Enfant Jesus : Sur l'air :
Un Amant tout nouveau.

LE petit Jesus dort
Etendu dans la Créche,
Dessus la paille seiche   Accourez-y d'abord ;
Pasteur qu'on se dépêche,   Le petit Jesus dort.
 Marchez plus lentement,
Bergers, je vous en prie,
Que personne ne crie,
Il dort fort doucement ;
Pour l'amour de Marie : Marchez, &c.
 Amis, c'est trop parler,
Adorez la merveille,
Dieu sur du Foin sommeille,
Gardez de le troubler ;
Hélas ! il se reveille : Amis, c'est, &c.
 Le voyant reposer,
Adorez le Mystere,
Il est tems de se taire,
Et non pas de causer,
Dans les bras de sa Mere : Le voyant, &c.
 Vierge, dans votre sein
Ce Dieu de la victoire
Dans sa Terre peut boire
D'un Nectar tout divin,
Comme au sein de la gloire : Vierge, &c.
 Tandis qu'il boit ce lait,
Bergers, que chacun pense,
Sans se mettre en dépense,
De lui faire un balet,
Pour danser en cadence : Tandis, &c.
 Supplions ce Dauphin
De nous faire la grace

De boire dans la Talle
De son Nectar divin,
Nous donnant un jour place. Dans son Palais sans fin.

Autre, Sur l'air : *du président.*

UN Enfant tout nouveau,
Est né dans une Etable,
Mon Dieu qu'il est aimable !
Il n'est rien de plus beau ;
J'ai vû dans une Etable
Un Enfant tout nouveau.

C'est le vrai Fils de Dieu,
A ce que j'entens dire,
Tout le monde l'admire,
Dedans ce sacré lieu ;
A ce que j'entens dire : C'est le vrai, &c.

On l'appelle aussi Roi
Du Ciel & de la Terre,
Bien qu'il n'ait qu'une Pierre
Et du Foin dessous soi,
Du Ciel & de la Terre : On l'appelle, &c.

Pour moi je suis surpris
D'un si vil équipage,
Voir dans un lieu sauvage
Le Dieu du Paradis,
D'un si vil équipage : Pour moi, &c.

C'est son humilité
Qui l'a fait ainsi naître,
Pour nous apprendre en Maître,
A fuïr la vanité,
Qui l'a fait ainsi naître : C'est son, &c.

Tâchons de l'imiter
Tant qu'il nous fera vivre,
Si nous voulons le suivre,

Et ne point le quitter ;
Tant qu'il nous fera vivre : Tâchons, &c.
 Je veux vivre & mourir
Sous votre Loi de Grace,
Au moins si je trépasse
Je ne pourrai périr
Sous votre Loi de Grace : Je veux, &c.

Autre, Sur l'air : *Catin la belle Jardiniere* ou
 Faut-il qu'une si foible Plante.

JEsus l'objet de ma tendresse,
 Donnez-moi mon souverain bien,
Votre bouche que je la presse,
Si votre Mere le veut bien,
Jesus il faut que je vous baise
Présentement tout à mon aise.
 O petite bouche vermeille
Toûjours pleine en toute saison
Du miel que la mystique Abeille
Amasse en sa douce maison : Jesus, &c.
 O divine humaine Bouchette,
Sainte Bouche qui sent bien mieux,
Que Musique, que Baûme & Civette,
Ni que tout le Nectar des Dieux : Jesus, &c.
 Montrez-moi le Lys & la Rose,
Qui fait voir votre tein fleuri,
Et ce beau front l'unique chose
Qui fait mon Objet plus cheri : Jesus, &c.
 Montrez moi vos doux yeux qui dardent
Mille petits feux savoureux
Dans les cœurs de ceux qui regardent
Leurs petits flambeaux amoureux : Jesus, &c.
 Mais où suis-je, ô Dieu, je me pâme,
Hélas ! je tombe sans vigueur,

A l'aide, ou me dérobe l'ame !
Ah ! je meurs par trop de douceur : Jesus, &c.
　Mignon, détournez votre Face,
Vos yeux me font évanoüir,
Mais, non faites que je trépasse
Pour à jamais de vous joüir : Jesus, &c.
　Sors, mon Ame, fuis & t'envole
Que veux-tu faire dans ce Corps ;
L'Oiseau ne tarde dans sa geôle,
Lorsqu'il en peut sortir dehors :
Permettez-donc que je vous baise,
Mon cœur brûle de votre braise.

L'Enfant Jesus souffrant dans la Créche ; Sur l'air : *Vois tu pas nos Agneaux Lisette*, ou, *Pourquoi n'avoir*

des Cantiques de Noels.

Autre, Sur l'air : *Je ne sçai si je suis yvre.*

QUe tout l'Univers adore,
Ce Soleil plein de beauté,
Qu'une très-brillante Aurore
A cette nuit enfanté :
O Dieu ; l'Objet précieux
Jesus le Mignon des Cieux !
Le mignon, le mignon, le mignon des Cieux.

 La clarté sur-adorable
De ce petit Dieu d'amour
Rend la nuit plus agréable
Que la lumiere du jour ; O Dieu, &c.

 Le Soleil même sous l'Onde
Cache son luisant flambeau,
Se reconnoissant immonde
Auprès d'un Enfant si beau : O Dieu, &c.

 Le Ciel accroit d'une Etoile,
Qui lui sert comme d'un œil
Pour mieux contempler sans voile
La beauté de ce Soleil : O Dieu, &c.

 Même les troupes des Anges
Quittent leur divin séjour,
Pour entonner ses loüanges,
Et faire à ce Dieu la Cour : O Dieu, &c.

 Puisqu'ils préferent la Terre
A ce grand Palais des Cieux
Etant surpris qu'elle en serre
Un Trésor si précieux : O Dieu, &c.

 Mais, ô Prodige admirable,

Qui me fait trembler d'effroi,
Je ne vois rien qu'une Etable
Pour loger ce puissant Roi : O Dieu, &c.

 Je n'apperçois qu'une Créche,
Je ne sens qu'un froid cuisant,
Avec un peu d'herbe seiche,
Où ce Monarque est souffrant : O Dieu, &c.

 Mais offrons, ô belles Ames
A ce petit Roi nouveau
Un cœur tout rempli de flammes
Pour lui servir de flambeau : O Dieu, &c.

 Hélas! venez, je vous prie,
Hâtez-vous, ô Dieu d'amour!
Afin que mon cœur s'écrie,
Et qu'il chante nuit & jour;
Je le tiens mon petit Roi,
Enfin il est tout à moi,
Il est tout, il est tout, il est tout à moi.

Cantique d'Amour vers JESUS, *dans la Créche*;
 Sur l'air : *Quel bel Astre nous éclaire*.

QUel bel Astre nous éclaire,
 Du milieu de cette nuit ;
Qu'elle est l'aurore si claire, si claire, si claire ;
 Qui nous l'a produit ?
Jamais clarté ne fut vûë,
Comparable à celle-ci,
Qui remplit d'aise & la vûë, & la vûë, & la vûë,
 Et le cœur aussi.
C'est l'unique de Marie,
Né dedans un pauvre lieu,
Qui dans un Suppôt Marie, Marie, Marie,
 L'homme avec son Dieu.
La beauté qu'on voit empreinte

Sur son visage riant,
De nos cœurs bannit la crainte, la crainte, la crainte,
  Par son Orient.
  La Mere d'aise ravie,
Va serrant entre ses bras
Celui qui donne la vie, la vie, la vie,
  Aux hommes ingrats.
  Après d'une bandelette
Elle l'éteint doucement,
Jusqu'à tems qu'elle l'alaitte, l'alaitte, l'alaitte,
  D'un doux aliment.
  Lorsque ses lévres il ouvre,
En témoignant son souhait,
Soudain elle lui découvre, découvre, découvre,
  Deux sources de lait.
  L'Enfant sa Mere regarde
Pleine de divins attraits,
Et d'un œil brillant lui darde, lui darde, lui darde,
  Mille amoureux attraits.
  Joseph qui se baigne d'aise,
De voir ce Dauphin des Cieux,
A tout bout de champ lui baise, lui baise, lui baise
  La bouche & les yeux.
  Il cueil dessus sa jouë
La neige de tant de lys,
Que l'Enfant se jouë, se jouë, se jouë,
  Les voyant cueillis.
  Tantôt il succe les roses,
Et le lait de son menton,
Où les Graces sont encloses, encloses, encloses,
  Comme en leur bouton.
  Mais cependant qu'il moissonne,
Sur ses lévres des œillets,
Un froid cruel herissonne, herissonne, herissonne,

des Cantiques de Noël.

Ses membres douillets.
Joseph, que voulez-vous dire,
Quoi ? n'êtes-vous pas content ?
Sçachez que chacun defire, defire, defire,
    D'en avoir autant.
  Croyez-vous qu'on abandonne,
Cet Enfant entre vos mains ?
Non, car son Pere le donne, le donne, le donne,
    Pour tous les Humains.
  Permettez-moi donc de grace,
Cher Tuteur de mon Sauveur,
Que ses deux genoux j'embrasse, j'embrasse, &c.
    Sous votre faveur.
  Chrétiens, cependant que j'entre
Pour l'adorer avec foi,
Accompagnez-moi dans l'antre, dans l'antre, &c.
    De ce Divin Roi.
  Vous verrez dans une Etable
Sous le toit d'un petit coin
Un enfant doux & traitable, & traitable, & traitable
    Couché sur du foin.
  Il a pris la paille seiche
Pour son Lodier hyemal,
Et pour son Berceau la Créche, la Créche, &c.
    D'un vil Animal.
  La pourpre dont il s'affuble,
Ce sont de petits haillons,
Voilà tout sans plus son meuble, son meuble, &c.
    Et ses Pavillons.
  Pour les Gardes plus honnêtes,
Qui lui sont tout à l'entour,
On ne voit rien que des bêtes, des bêtes, &c.
    Pour toute sa Cour.
  Mondains, que sert donc l'usage

Des honneurs que vous prisez,
Puisque cet Enfant, si sage, si sage, si sage,
   Les a méprisés.
   Apprenons à nous soumettre
Aux Loix de ce Roi nouveau,
Qui nous doit servir de Maître, de Maître, &c.
   Et de droit niveau.

Autre, Sur le chant : *O filii & filiæ*.

SI Dieu vient au monde aujourd'hui,
Courons tous au-devant de lui,
Et chantons d'un air solemnel, Noël, Noël
Noël, Noël, Noël, Noël, Noël, Noël.
   Bien qu'il ne soit qu'un pauvre Enfant,
C'est pourtant un Dieu triomphant,
Envoyé du Pere Eternel, Noël, Noël, &c.
   N'eut-il pas beaucoup de bonté
De prendre notre Humanité,
Et de naître en Homme mortel, Noël, Noël, &c.
   Lorsqu'en l'Etable on l'apperçût,
Pour Dieu peu de monde le crût,
Car il n'y paroissoit pas tel, Noël, Noël, &c.
   S'il fut reconnu pour Sauveur,
Ce fut seulement du Pasteur,
Qui vint chanter en son Hôtel, Noël, Noël, &c.
   Trois Rois avec beaucoup de soin,
Sont aussi venus de bien loin
Pour lui dédier un Autel, Noël, Noël, &c.
   Pour les conduire dans ce lieu,
Par l'ordre de cet Homme Dieu
Un Astre marcha dans le Ciel, Noël, Noël, &c.
   Pour solemniser ce saint Jour,
Qui doit nous enflamer d'amour,
Chantons ce Cantique immortel, Noël, Noël, &c.

Dialogue des Anges & des Bergers; Sur l'air : *Cedez tambours*, ou *mes chers amis*.

Allez, courez, belles Bergeres,
Passez au travers des fougeres
Pour aller voir dessus du foin
Votre Dieu né dans une Etable,
Réduit à l'extrême besoin ;
Comme seroit un miserable.

Quoi ? Dieu seroit il sans puissance ?
L'Impassible dans la souffrance ?
La Force dans l'infirmité ?
La liberté dans l'esclavage ?
La Grandeur dans l'humilité ?
Et la Gloire dans un nuage ?

Bergeres, vous devez nous croire,
Gravez-le au Temple de mémoire.
L'Amour a fait de ce grand Roi
Un Monarque sans héritage,
Un Maître soumis à la Loi,
Un Souverain sans équipage.

Quoi ! le Pere de tout le monde,
L'Auteur de la Machine ronde,
Celui qui nourrit tout à faim ?
Celui qui donne tout est pauvre ?
L'Estre divin devient humain ?
Et souffre le froid comme un autre ?

Bergers, son amour extrême
Veut qu'il se captive lui même,
Qu'il soit sans force & sans vigueur,
Sans lit, sans bois, sans feu, sans armes,
Et par un excès de rigueur,
Qu'il vive toûjours dans les larmes.

Allons, courons, volons beaux Anges.

Allons l'adorer dans les l'anges,
Allons lui donner notre cœur,
Comme un beau Berceau pour y naître,
Qu'il s'en rendent le doux Vainqueur,
Nous voulons bien l'en rendre Maître.

Autre Noël, Sur l'air : *Peuple de la Rochelle*, &c.

HOlà, ho Perichon,
Reveille toi, Bergere,
Sus, sus, debout Michon,
Margot Anne Pâquiere,
Regardez la lumiere,
Qui luit tout à l'entour,
Voyez comme elle éclaire,
Il semble qu'il est jour ;
C'est chose bien nouvelle,
Un fait tout triomphant,
De voir une Pucelle
Accoucher d'un Enfant.

 Mais que dis-tu Pierrot,
Quelle grande merveille
Te fait courir le trot
Pour que tu nous reveille
Nos chévres nos oüailles
Ne sont-elles pas bien,
Tu nous romps les oreilles,
Tais toi, ne nous dit rien : C'est, &c.

 Ecoute donc le ton
D'une douce musique,
Et l'admirable son
De la troupe Angelique ;
C'est le chant déifique
Qui nous vient raconter
Que le Sauveur unique

Naît pour nous racheter : C'est, &c.

   Dites nous mes amis,
Si vous sçavez la place
Où est donc né ce beau Fils,
Dans cette Terre basse ?
Pour demander sa grace,
Comme à notre Seigneur,
Et que chacun lui fasse
Sa Cour avec honneur : C'est, &c.

   Bethléem la Cité
Est lieu de la Naissance,
De sa Divinité,
Nous avons connoissance ;
Que chacun donc s'avance
D'aller présentement
En grande diligence
Voir cet accouchement : C'est, &c.

   Laissons vaches, moutons,
Agneaux & brebiettes ;
Dans nos poches portons
Flageolets & musettes,
Cornemuses bien faites,
Flûtes, luths, chalumeaux ;
Pour dire chansonnettes
Sur tous les airs nouveaux : C'est, &c.

   Noël nous chanterons
Faisant la simphonie,
Nous rirons, danserons,
Pour r'joüir Marie
Mere du fruit de vie,
Selon nôtre pouvoir,
Pour moi j'ai grande envie
De faire mon devoir : C'est, &c.

   O Jesus notre Roi

Très-puissant, bon & sage !
Prenez de nous la Foi,
Le devoir & l'hommage,
Que rend notre Village
A votre Majesté,
D'où ce fruit & laitage,
Nous avons apporté : C'est, &c.

 Retournons, Pastoureaux,
Reprenons la campagne,
Pour revoir nos troupeaux
Qui sont sur la Montagne ;
Que la Nature humaine
Chante Noël sans fin,
Qui se voit hors de peine
Par l'éternel Dauphin : C'est, &c.

Dialogue de deux Bergeres ; l'une humble, & l'autre mondaine ; Sur, une ancienne Gavote.

QUoi, ma voisine es tu fâchée,
 Dois-moi pourquoi ?
Veux-tu venir voir l'Accouchée
 Toi quant & moi ?
C'est une Dame fort discrette, Ce m'a-t-on dit,
Qui nous a produit le Prophête, Long-tems prédit ;
Je le veux allons ; ma Commere,
 C'est mon désir,
Nous verrons l'Enfant & la Mere Tout à loisir,
N'aurons nous pas de la dragée Et du gâteau ?
La Salle est-elle bien parée,   Y fait-il beau ?
 O ma Bergere, tu te trompe
  Fort lourdement,
Elle ne cherche pas la pompe   Ni l'ornement
Puisqu'elle ne veut qu'une Etable
  Pour se ranger,

des Cantiques de Noëls.

Où l'on ne voit ni lit, ni table Pour y manger.
   Du moins est-elle bien coëffée
      De fins reseaux ?
Et sa couche est-elle étoffée   De beaux rideaux ?
Son Ciel n'est-il pas de brodure
      Tout campané ?
Et n'a-t'il pas pour sa bordure   L'or bazané ?
   Elle a pour sa plus belle couche
      Dedans ce lieu
Le tronçon d'une vielle souche   Tout au milieu ;
Le mur lui sert d'une custode,
      Et pour son ciel
Il est fait à la pauvre mode   De chaume vieil.
   Mais il faut bien que cette femme
      Ait un berçeau
Pour bercer l'objet de sa flamme
      L'Enfant nouveau ;
N'a t'elle pas garde & servante
      Pour le tenir ?
N'est-elle pas assez puissante   D'y survenir ?
   L'Enfant a pour berçeau la Créche.
      Pour sommeiller,
Avec un botteau d'herbe seiche   Pour oreiller,
Elle a pour sa garde cherie   Son cher Baron,
Prés d'un Bœuf dans cette écurie, Et d'un Asnon.
   Tu me dégoûte ma voisine,
      D'aller plus loin,
Pour voir une femme mesquine   Dessus du foin ;
Pour moi qui ne suis que Bergere,
      Suis beaucoup mieux,
Que non pas cette ménagere   Sous ces toits vieux.
   Ne parle pas ainsi voisine,
      Mais par faveur
Crois-moi, c'est la Mere divine Du vrai Sauveur,

Qui veut pour nous humblement n'aître
    Dans ce saint Jour,
Afin de nous faire paroître   Son grand amour.
Nous vous prions, très-digne Mere
    Du Roi des Cieux,
De nous Délivrer de misere   Dans ces bas lieux,
Et d'obtenir pour nous la grace
    De vôtre Fils,
De le voir un jour face à face   En Paradis.

Dialogue de deux Bergers ; Sur l'air : C'est le Prince d'Orange.

VEux tu venir Bergere,
    Voir un Enfant nouveau
Né d'une Vierge Mere,
Tout tremblottant sur un peu de fougere,
    Qui lui sert de berçeau.
    Que dis-tu, chere amie,
    L'as-tu vû cet Enfant,
Dont tu me fais envie,
Car je n'ai rien entendu de ma vie.
    Qui soit plus triomphant ?
    C'est le Berger Fontanges
Qui l'a vû cette nuit,
Et qui dit que les Anges
L'ont annoncé, publiant ses loüanges,
    A l'heure de minuit.
    Dis-mois donc tout, Compagne,
    Et ne me cache rien,
Descendons la Montagne
Dans le dessein de nous mettre en campagne,
    Puisque tu le veux bien.
    C'est qu'une Vierge Sainte
    Dans sa Virginité

Est devenuë enceinte,
Sans ressentir dans elle aucune atteinte
    A son intégrité.
        Mais si tu m'est fidele,
    Parle en esprit discret,
    D'une telle nouvelle,
Qui me paroît si charmante & si belle,
    Dis-moi tout le secret.
        Il dit que le Messie
    Si long-temps attendu,
    Selon la Prophetie
Que nous avons du Prophête Isaïe,
    Nous est enfin venu.
        Encore un mot ma chere,
    De ce petit Dauphin
    Dont tu m'as dit la Mere,
Me diras-tu qui peut être le Pere,
    Et quel il est enfin?
        Il m'a donc dit en somme,
    Qu'il est Fils du vrai Dieu,
    Lequel pour sauver l'Homme
Fait criminel par un morceau de pomme
    Vient naître en ce bas lieu.
        Ah! amour extrême!
    Qui l'eût jamais pensé!
    Quoi donc? ce Dieu suprême
A bien voulu venir des Cieux lui-même,
    Jusqu'à Terre abbaissé!
        Mais, ma chere Nannette,
    Mon inclination
    Seroit trop satisfaite,
Si tu pouvois dire comment s'est fait
    Cette Incarnation?
        Au moment que son Ame

Consentir au dessein
De l'Amour qui l'enflâme
Elle conçut par sa divine flâme
  Le Verbe dans son sein.
    Voila, chere Loüise,
  Ce que j'en puis sçavoir,
  Faisons donc l'entreprise
De nous porter tous deux, sans remise,
  Sur les lieux, pour le voir.
    Je le veux, mon Intime,
  Tu me feras plaisir,
  Car mon cœur qui s'anime
Par le transport d'une flâme sublime,
  M'en donne un grand désir.
    Mais, dis donc, qu'elle offrande
  Pourrons nous lui porter?
  Sa Majesté demande,
Comme étant Dieu, d'en avoir une grande,
  Et de lui présenter.
    Non, il n'en a que faire,
  Il fait lui les faveurs;
  Mais voicy notre affaire,
Nous offrirons à ce Roi pour lui plaire,
  Tout l'amour de nos cœurs.
    Il est vrai, ma Voisine,
  Qu'on ne peut pas offrir
  Une perle plus fine,
Ny plus conforme à sa Bonté divine,
  Qui vient pour nous souffrir.
    Cependant, ma Nannette
  Je ferois bien présent
  S'ils sont dans la disette,
D'un pot de lait, d'une bonne galette
  Pour la Mere & l'Enfant?

C'est aussi ma pensée
De m'en aller chercher
Un fromage en jonchée
Et d'offrir tout à la sainte Accouchée
Ce que j'ai de plus cher.
Puis nous prirons la Mere
Et son aimable Fils,
D'un cœur humble & sincere,
De ne vouloir obtenir de son Pere
Un jour le Paradis.

Pastourelle nouvelle; Sur l'air : *Si l'on me voit porter ni Pique, ni Mousquet.*

Veux-tu venir, Berger, voir dans un grand besoin,
Un Enfant couché sur du foin
Dans un reste d'Etable,
Délaissé comme un miserable,
Quoi qu'admirable,
Car c'est le Messie adorable;
Les Bergers de tout à l'entour
Ont été lui faire la cour
Ont été lui faire la cour,
Et disent que les Anges
Ont chanté dans l'air ses loüanges,
Ont chanté dans l'air ses loüanges,
Et disent que les Anges, les Anges,
Et disent que les Anges,
Et disent que les Anges
Ont chanté dans l'air ses loüanges.
Te mocque tu de moi, dis-moi cher Ami?
Ne me parle point à demi,
Est-donc le Messie
Que promet notre Prophetie par Isaïe,

Qui vient pour sauver sa Patrie;
Pour moi je ne te croirai pas,
Si nous ne partons de ce pas,
    Pour voir si la nouvelle
    Que tu dis, se trouve fidele,
    Que tu dis, se trouve fidele,
Pour voir si la nouvelle, nouvelle,
Pour voir si la nouvelle,
Pour voir si la nouvelle,
Que tu dis se trouve fidele.
  Je le veux de grand cœur, allons-y voir tous deux
  Car ce bruit me paroît douteux;
    Mais crainte de surprise,
Nous prendrons nos habits de mise,
    A notre guise,
Afin de partir sans remise;
N'oublions pas nos chalumeaux,
Pour lui dire des airs nouveaux.
    Et lui donner l'aubade,
En faisant tous-deux la gambade,
En faisant tous deux la gambade,
Et lui donner l'aubade, l'aubade,
Et lui donner l'aubade,
Et lui donner l'aubade,
En faisant tous deux la gambade.
  Et puis nous offrirons à la Mere & l'Enfant
    Chacun notre petit présent,
    Et lui ferons hommage
Des beaux Fruits de notre Village,
    Notre équipage
De lait, de beurre & de fromage,
Après nous prirons ce Sauveur
De nous mettre dans sa faveur,
De nous mettre dans sa faveur,

Et nous faire la grace,
De le voir un jour face-à-face,
De le voir un jour face-à-face,
Et nous faire la grace,
Et nous faire la grace,
De le voir un jour face-à-face.

Autre, sur un Menuet de l'Opera ; Amant aimez vos chaînes.

Chrétiens, adieu nos chaînes,
Adieu nos déplaisirs,
Un Dieu né dans les gênes,
S'accorde à nos desirs,
Il finit nos alarmes,
Il n'a rien que des charmes,
Mais pour un si grand bien
Joignons nos cœurs au sien.
   Sans cet Enfant aimable
La vie est sans appas,
Son pouvoir adorable
Nous sauve du trépas,
Il finit nos alarmes,
Nos soupirs & nos larmes,
Mais pour un si grand bien
Joignons nos cœurs au sien.
   Il souffre cent traverses
Pour nous, en nous aimant,
Et ses peines diverses
Sont des pierres d'Aimant ;
Sa bonté sans seconde
Vient pour sauver le monde,
Mais pour un si grand bien

Joignons nos cœurs au sien.
   Sa grace nous invite
A l'aimer constamment,
Pour avoir du merite
Aimons le tendrement,
Il faut avec tendresse
Qu'un chacun le caresse,
Et pour le faire bien
Joignons nos cœurs au sien.
   Pour aimer des Aminthes
Et gagner leur amour,
L'on souffre leurs atteintes,
L'on veille nuit & jour;
Mais quand Jesus l'on aime
Le plaisir est extrême,
Et pour un si grand bien
Il joint nos cœurs au sien.
   Berger, viens voir ton Maître
Dans ce petit Berceau,
Tu peut le connoître
Par un present nouveau,
Sa grandeur satisfaite,
S'abbaisse à ta Houlette,
Si tu cheris sa Loi,
Il est contant de toi.
   Crains-tu que ta foiblesse
N'ait pas un bon succès,
Ce Dieu dans la bassesse
Prendra tes interêts;
Si manque de finance
Tu n'as pas l'assurance,
Presente lui ton cœur,
Il s'en rendra vainqueur.

des Cantiques de Noëls.

Nouvelle Pastourelle des Paroisses de la Ville de Tours.
   Sur l'air : *Amants, aimez vos chaînes.*

Les Anges aux Pasteurs.

Pasteurs de ces Prairies,
   De vos Cantons divers
Quittez les Bergeries
Le Roy de l'Univers
Est né dans une Etable,
Votre Messie aimable,
Qui vient pour vous sauver ;
Allez tous l'y trouver.
   Gloire à ce Dieu sublime
Dans le plus-haut des Cieux,
Et que sa Paix intime
Se répandre en tous Lieux !
Que la Nature humaine
Qui se voit hors de peine,
Chante dans ce saint Jour
Des Cantiques d'amour.
   Eux d'une ame soumise
Ont tout abandonné
Pour aller sans remise
Voir ce Roi nouveau né,
Publiant ses loüanges,
A l'exemple des Anges,
Par les Champs & les Bois
Au son de leurs Haut-bois.
   Sur un peu d'herbe seche
Ils ont vû cet Agneau
Couché dans une Créche,
Qui servoit de Berceau
Prés de sa Mere Vierge,

Et Joseph leur Concierge
Qui gardoit dans ce lieu
Ce petit Homme-Dieu.
    Trois Rois appellés Mages,
Sortis de leur Terrain,
Ont rendu leurs hommages
A ce Roi souverain,
En lui faisant largesse
D'une grande tendresse
De trois riches presens,
D'Or, de Myrrhe, & d'Encens.
    Du Jardin de la France
Il vint des Pastoureaux,
Que pour leur difference
L'on nomme Tourangeaux,
Presenter à la Reine
Des beaux Fruits de Touraine,
Et des draps les plus fins,
De tous leurs Magazins.
    Un Motet en musique,
Saint Gatien, saint Martin
Ont chanté pour Cantique
A l'honneur du Dauphin,
Puis ont fait leur offrande
Et magnifique & grande,
Demandant tour-à-tour
Sa grace & son amour.
    Messieurs de la Justice
Sont venus par aprés,
Et ceux de la Police
Qui les suivoient de prés,
Puis chaque Corps de Ville
Qui venoit à la file
Pour aller promptement

Lui faire compliment.
   Saint Saturnin ensuite
Donna de son Trésor
Une Etoffe délite
De Brocart de fin or,
Sa frange & sa doublure
D'une riche parure,
Tous les plus beaux atours
Qui fussent dedans Tours.
   Les Marchands de Soirie
De saint Pierre Puillier,
Sont venus voir Marie
Et son Fils supplier,
D'un cœur humble & sincere
De recevoir leur chere,
Et ne refuser pas
De leurs beaux Taffetas.
   De saint Pierre du Boile,
Les Pasteurs sont venus
Apporter de la toille
Au saint Enfant Jesus,
Des bas & des miraines
De leurs plus fines laines,
Pour servir au Poupon
Dans la froide Saison.
   Saint Clement qui rafine
Sur le plus pur froment,
Porta de la farine
Avec empressement :
Et saint Simple se presse
D'aller faire largesse
Au nom de saint Eloy,
Qui n'avoit pas de quoi.
   Sainte Croix, saint Hilaire,

Saint Denis, L'Ecrignol,
Sembloient tous contrefaire
Le chant du Rossignol,
Chargés de Confitures,
De Pâtés, de Fritures,
Et de beau Fruit diapré
Pour le Dauphin sacré.
   Saint Vincent, saint Estienne
Pour l'aller secourir,
Etoient tout-hors d'haleine
A force de courir,
Mais la Troupe choisie
Craignant la pleuresie,
Prit à saint Aventin
En passant du tintin.
   Par un point de prudence
Les Gens du Chardonnet,
Usant de prévoyance
Prirent tous leur bonnet,
Et nombre de fusées
Qu'ils n'avoient pas filées,
Mais qu'ils avoient pourtant
Pris pour argent content.
   Du Quartier de la Riche
Les Boulangers marchands
Ont porté de la miche,
Et fait venir des Champs
La Crême la plus-fine
Pour la Mere divine,
Et du lait du Plessis
Pour donner à son Fils.
   Une ban de d'Ilieres
Partit de grand matin
Pour aller des premieres

Saluer ce Dauphin
Mais manque de finance
Pour lui rendre affiftance,
Elle promitent bien
De le blanchir pour rien.
   Les Paftoureaux fideles
De faint Symphorien
Joüoient de leurs Vieilles
Qui s'accordoient fort bien,
Mais leur bourfe deferte
Ne pouvant faire offerte,
Ils dirent des Chanfons
De toutes les façons.
   Des Varennes fertiles
De faint Pierre des Corps,
Un grand nombre de Filles
Apporterent des rifforts,
Et quantité d'herbages
Pour faire des potages,
Puis faint Marcile dernier
De choux un grand Panier.
   Un Troupeau plein de flammes
Dans un deffein pieux,
Vint de la Ville aux Dames
Pour prefenter fes vœux,
Et demander excufe
D'une ame bien confufe,
D'avoir tant refifté
A ce Dieu de bonté.
   Demandons lui grace
De l'aimer icy bas
D'un amour efficace
Jufqu'à notre trépas,
Et de chanter victoire

Un jour dedans la gloire,
Pour goûter à jamais
Les douceurs de sa Paix.

Pastourelle ancienne, sur le bransle des Derindoles.

EN brave compagnie
Partons joyeusement
Faisant la Symphonie
Pour aller voir l'Enfant,
C'est le petit Fils de Marie,
Le petit Roi triomphant,
Sous l'épinette   La Bergerette
Oüit le son   De l'Oisillon,
Dessous l'hormeau,   Du pastoureau
Fut entendu   Le chant nouveau,
    Allez voir la Pucelette,
    Disoit le petit Oiseau ;
      O Dieu ! comment
Derindelindoles gringoterons-nous,
Et vous derindelindoles gringoterez bien,
    Puisqu'à bien gringueloter,
    C'est à nous Pastoureaux.
  Nous vîmes dans l'Etable
Ce Monarque charmant,
Prés de sa Mere affable
Et de son cher Amant,
Elle étoit sa femme aimable :
Mais Dieu pere de l'Enfant,
Ce Roi puissant & triomphant,
Etoit rendu comme éperdu,
Bien que sa Mere lui fit la chere,
Et prit grand soin   De son besoin,
Il étoit dans la misere

des Cantiques de Noëls.

Dessus un Trône de foin : O Dieu ! &c.

De faire son offerte
Chacun fut curieux,
Joseph faisoit desserte
D'un visage joyeux,
Il n'y faisoit point de perte,
Nous faisions à qui mieux mieux,
Tous sans caprice, Et sans malice
Michel Chauvin Portoit bon vin,
Jean Mauriciere Sa Panetiere,
Guy Gobelet Un pot de lait,
Nous dîmes tous à la Mere,
Vive le Roi nouvelet : O Dieu ! &c.

Pastourelle nouvelle Sur ce bel air de l'Opera : *Je n'entens en tout parler que de la guerre*

ON ne dit plus par tout aucun mot de la guerre;
  Mais qu'un Roi nouveau ne donne la paix,
Qui regnera désormais, désormais
    Dessus la Terre,
    Amis, amis, courons le voir,
    Pour en conserver la memoire,
Dans ce Jour publions la gloire, publions la gloire
    De son divin pouvoir :
Dans ce Jour publions la gloire, pub : la gl : la : gl :
    De son divin pouvoir.
  L'on tient que c'est enfin le Messie adorable
      Qui vient naître icy-bas pour notre amour,
  Mais qu'il tient sa triste Cour, triste Cour
      Dans une Etable ;
      Qu'il est entre deux Animaux
      Sans autres Gardes de milice,
  Allons tous lui rendre service, lui rendre service;
      Et soulager ses maux,

Allons tous lui rendre service, lui rendre service,
Et soulager ses maux.
 Mais ce qui me surprend, c'est qu'on dit que sa
  Mere
  L'a conçû par le fait du saint Esprit,
Et que cet Enfant Jesus-Christ, Jesus-Christ
  N'a point de Pere,
  Que c'est le Fils du Roi des Cieux,
  De Dieu la seconde Personne,
Comme lui très-sage & très-bonne, très-sage &c. b.
  Qui veut nous rendre Dieux,
Comme lui & très-bonne très-sage & très-b. très-sage
  Qui veut nous rendre Dieux.
 Allons tous de concert pour rendre nos
  hommages,
  Nos respects, nos amours à ce Sauveur,
  Lui demander sa faveur, sa faveur
   Pour nos Villages,
  Et nous faire la grace un jour
  Parmi les splendeurs de sa gloire,
De chanter à jamais victoire, à jamais victoire:
  Dans son divin Séjour:
De chanter à jamais victoire, à jamais victoire vict.
  Dans son divin Séjour.

Pastourelle nouvelle; Sur l'air : *Laissez paître
  vos Bêtes, &c.*

CHantons tous avec l'Ange
 A ce divin jour de Noël,
  Gloire, honneur & loüange
  A Dieu seul immortel :
Pauvres Mortels, foibles de foi,
Que ferions-nous, répondez-moi,
Si cette Nuit notre bon Roi

Né fût né de Marie,
N'étions-nous pas tous destinés
    A la Conciergerie
    Des Démons obstinés, Chantons, &c.
Pour nous donner le Paradis
Dont nous étions tous interdits,
Dieu veut que son unique Fils,
    Ait pour Mere une Vierge,
    Afin que la fecondité
        Soit dans elle Concierge
        De la Virginité : Chantons, &c.
    Au point qu'est né ce saint Enfant,
Les Anges d'un vol triomphant,
Loüant le Nom du Tout-puissant,
    Sortent par belles Bandes
Pour avertir les Pastoureaux,
Qui gardoient dans les Landes
        Cette nuit leurs Troupeaux : Chantons &c.
    Gloire soit à Dieu pour jamais,
Vive incessamment desormais
Entre tous les hommes la paix,
    C'est aujourd'hui sans feinte
Que se terminent vos malheurs,
        Bannissez-donc la crainte,
Disoient-ils, de vos cœurs : Chantons, &c.
    Nous venons vous donner avis,
Que cette plus-belle des Nuits
Marie accouche de son Fils,
    Il est dans une Créche,
Allez l'adorer promptement,
    Sur un peu d'herbe seiche
Couché bien durement : Chantons, &c.
    Aux beaux discours de ces Esprits
Les Bergers se trouvant surpris ;

D'allegresse firent des cris,
  Puis tous en diligence
Coururent au lieu destiné,
  De l'humaine Naissance
De ce verbe Incarné : Chantons, &c.

Qui n'admirera ces Pasteurs,
Premiers & vrais Adorateurs
De Jesus & de ses Grandeurs;
  Qui par cette bassesse
Confesse sa Divinité,
  Jugeant de sa Hautesse
Par son humilité ; Chantons, &c.

Pastourelle nouvelle des Provinces de France;
  Sur un air nouveau.

A L'heureuse Naissance
Du Fils du Tout puissant,
Chantons, peuple de France
En nous réjoüissant :
Bon bon bon, voicy le Messie,
Et bon bon bon, qui s'est fait Poupon,

 Les angeliques Bandes
L'ont proclamé dans l'air
Aux Pasteurs dans les Landes,
Par ce charmant concert : Bon bon bon, &c.

 Gloire à Dieu pour les flammes
Que répand sa bonté,
Dans les Cœurs & les Ames
De bonne volonté : Bon bon bon, &c.

 Ils l'ont vû dans la Créche
Sans lit, sans bois, sans feu,
Sur un peu d'herbe seche,
Bien qu'il soit Fils de Dieu : Bon bon bon, &c.

 Sa Mere le contemple

des Cantiques de Noels.

Dans cette extrémité ;
Comme un parfait exemple
De sainte Pauvreté : Bon bon bon, &c.
   Trois Rois par un grand zele
Sont venus d'Orient,
Sous l'Etoille fidele
De ce Soleil riant : Bon bon bon, &c.
   Les Villes, les Villages
Par des presens divers,
Ont rendu leurs hommages
Au Roi de l'Univers : Bon bon bon, &c.
   De Paris de Touraine,
De Chartre, d'Orleans,
Et de Soye & de Laine
Ont offert des presens : Bon bon bon, &c.
   L'on vit venir ensuite
Les pasteurs du Poitou,
Pour rendre leur visite
Avec ceux de l'Anjou : Bon bon bon, &c.
   Bretagne & Normandie
Ont salüé ce Sauveur,
Le Maine, & Picardie
Pour avoir sa faveur : Bon bon bon, &c.
   La Champagne & Lorraine,
L'Alsace, & la Comté,
De belle Porcelene
Ensemble ont apporté : Bon bon bon, &c.
   Le Languedoc, Gascogne,
Provence, & Dauphiné,
Le Lionnois, Bourgogne,
Plusieurs Fruits ont donné : Bon bon bon, &c.
   Perigord, & Limoge,
Xaintonge, & Bourbonnois,
Ont visité la Loge

Du Roi de tous les Rois : Bon bon bon, &c.
　　L'Auvergne avec la Bresse,
Angoumois, & Païs d'Aunix,
Sont allés à la presse
Saluer ce Phœnix : Bon bon bon, &c.
　　Obligez-nous, Marie,
De le prier pour nous,
Mere de Dieu cherie,
Et de nous sauver tous : Bon bon bon, &c.

Pastourelle, Sur l'air : Derelos.

GArdant nos Brebiettes, derelos, derelos, der,
　　Gardant nos Brebiettes
Le long d'un petit ruisseau,　　　　　　　bis.
Nous chantions la musique, derelos, derelos, der,
Nous, &c. Au son de nos chalumaux,　　bis.
　　Sur la minuit un Ange, derelos, derelos, der,
En forme de Jouvenceau,
S'approcha de la Trouppe
Qu'il benit & son Trouppeau,
Et puis sur sa Musette
Dit ce Cantique nouveau ;
Paix à vous sur la Terre
Et gloire au Nom du Très haut,
　　De la misericorde
Qu'il fait à tous ses Vassaux ;
　　Il est dans Bethanie
Logé dedans un hameau,
　　Reposant dans la Créche
Entre deux vils Animaux,
　　Sur un botteau de paille
Couvert de pauvres drapeaux,
　　Les Pasteurs à la presse
　　Y courent par monts & veaux,

our lui faire une offrande
e ce qu'ils ont de plus-beau,
t dans cet équipage
 la faveur d'un flambeau,
  Ils entrent dans l'étable,
n disant, ô Naulet nau,
  Le Poupon leur fit signe,
ater benedicat vos,
  Puis chacun d'eux vint dire,
ratias tibi ago.

Allegresse, Pastourelle ancienne.

Pauvres humaine Nature,
 Et toi, Peuple de Sion,
e Dieu la Naissance pure
e donne rémission, rémission;
us donc, réveille-toi, réveille,
entil Berger, plus ne sommeille,
llons pour voir une Merveille
ui se voit là-bas : Marchons à grand pas,
 Et n'y manquons pas,
aisons grande réjoüissance :
rotez, Pastoureaux,   Sonnez Chalumeaux,
perte d'haleine,   Ne craignez la peine,
ous jeunes & vieux,   Dieu descend des Cieux,
C'est le Messiau, Naulet, naulet naulet :
'ai, j'ai, j'ai oüi du Ciel une voix souveraine,
'ai, j'ai, j'ai oüi du Ciel une voix chanter ;
  Qui disoit, Pastoureaux, trottez,
  J'ai oüi du Ciel une voix chanter,
  Avancez-vous, avancez, j'ai j'ai, &c.
 Par une heureuse avanture,
Dieu s'est fait Homme mortel
Pour placer sa Créature

Dans son Séjour immortel,
Chantons Noël,
Allons donc tous de Compagnie,
Voir ce doux fruit dans Bethanie,
En faisant tous la symphonie,
Levons l'étendart, Colin & Coutart,
Et mettons à part
Dans nos bourssets force finance,
Donnons-lui joyaux, quatre ou cinq Agneaux,
Et pour ses étrennes Des grands des mitaines,
Nous sommes venus Tous très-bien pourvûs
De ce qu'il nous faut, Naulet, naulet, naulet;
J'ai, j'ai, &c.

Autre; Sur l'air : Aprés avoir dessus l'herbette.

Bergers, quittez en diligence
Vos Cabanes & vos Troupeaux,
Pour visiter une Puissance
Couchée entre deux Animaux;
Et vous verrez incontinent
En votre presence,
Et vous verrez incontinent Un Dieu souffrant.
Puisque c'est votre divin Maître,
Allez le voir dans son desert,
Vous le réjoüirez peut-être,
Formant quelque petit Concert;
Ne refusez pas cet honneur
Au premier de tout Estre,
Ne refusez pas cet honneur A ce Sauveur.
Ecoutez charmant Oracle
Qu'on nous fait descendre des Cieux,
Il nous annonce ce Miracle
Qui change les Mortels en Dieux;
Laissez donc paître vos Moutons

des Cantiques de Noëls.

Pour voir ce Spectacle,
Laissez-donc paître vos Moutons,
  Dans ces Valons.
 Adorez ce divin Prodige
Qui fait le Créateur Enfant,
La civilité vous oblige
De voir un pauvre triomphant,
Suivez-donc avec liberté
Son sacré vestige,
Suivez-donc avec liberté Sa Majesté.
 Ah! qu'il est doux, qu'il est aimable,
Ce puissant Roi dans cet état!
Où le péché dans une Etable
Lui veut ôter tout son éclat,
Jamais rien ne fut plus charmant,
Ni plus desirable,
Jamais rien ne fut plus charmant,
  Que cet Enfant.

Autre; Sur l'air: *Du Pelerin de Saint Jacques.*

Voicy le jour de la Naissance
  Du Fils de Dieu,
En signe de réjoüissance   Dans ce saint lieu,
Chantons d'un air melodieux
  Quelque Cantique,
Qui plaise au Monarque des Cieux,
 Par sa douce Musique.
 Ou plûtôt faisons un voyage Dévotement,
En Bethléem ce lieu sauvage Extrémement,
Où Jesus nôtre Rédempteur Et nôtre Maître,
Malgré l'Hyver & sa rigueur,
Dans ce jour voulut naître.
 O que cette Etable est deserte, Qu'il y fait froid,
De tous côtés elle est ouverte Jusques au toit,

Il n'est endroit par où le vent
  N'entre & ne sorte,
Je n'y vois point de contre-vent,
  Non pas même de porte.
Comment dans cette affreuse Etable,
  Dites un peu,
Pouvez-vous Monarque adorable,
  Naître sans feu ?
Comment avec si peu de soin,
  Seigneur des Anges,
Vous laisse-t'on dessus du foin,
  Trembler dedans vos Langes.
Il faut bien, Majesté suprême,
  Que votre amour
Pour tous les Hommes soit extrême
  Dans ce saint Jour;
De souffrir pour eux dans ce lieu,
  Malgré leur haine,
Vous qui pouvez en tant que Dieu,
  N'en point avoir la peine.
Je vous en rends reconnoissance,
  Mon bon Jesus,
Et vous demande en confiance
  Tant que rien plus,
De vouloir bien toucher mon cœur
  De tant de graces,
Qu'il puisse se rendre vainqueur
  Marchant dessus vos traces.

Cantique de la Circoncision du Saint Enfant Jesus.
  Sur l'air : *d'un Triolet.*

AU premier jour de l'an
Demandons nos Etrennes
Aux Bontés souveraines

des Cantiques de Noël.

D'un Dieu petit Enfant,
L'Amour ouvre ses veines,   Au premier, &c.
 Cet aimable Enfançon
Nous a donné ses larmes,
Ses Graces sont nos armes,
Son Sang notre rançon.
Il est tout plein de charmes   Cette aimable, &c.
 Cet Agneau de huit jours
Se rend notre Victime,
Sa Bonté nous anime
Par ses tendres amours,
Offrons pour notre crime   Cet Agneau, &c.
 Le Sang du juste Abel
Ne veut plus de vengeance,
Sa voix est l'assurance
De l'Homme criminel,
Recevons par avance   Le sang, &c.
 Il est blanc & vermeil,
L'Epoux qui nous caresse,
Sa Beauté, sa Noblesse
Le rendent sans pareil,
Je vous en donne adresse,   Il est blanc, &c.
 Cet riche Liqueur
Dont sa chair est rougie,
Prêche avec énergie
Ce Roi déja vainqueur,
C'est sa pourpre choisie   Cette riche, &c.
 Sa divine blancheur,
C'est sa divine Essence,
Sa parfaite innocence
Porte cette couleur,
L'on voit dans sa clemence   Sa divine, &c.
 Il souffre le couteau,
Et nous donne le crême,

Admirable Baptême,
Où le Sang produit l'eau ;
Pour montrer qu'il nous aime, Il souffre, &c.
　S'il passe pour pécheur,
Il devient ma justice : Ce sanglant Sacrifice
Blesse & ravit mon cœur,
Il me rend Dieu propice,　　S'il passe &c.
　Ce Prince obéïssant
S'engage & nous aquitte, cet Homme-Dieu merite,
Et paroît tout-Puissant,
Le Ciel veut que j'imite : Ce Prince, &c.
　La honte & la douleur
Composent son martyre,
C'est ce qui nous retire
De l'Eternel malheur,
Souffrons comme il désire : La honte, &c.
　Quel spectacle nouveau,
O Mere incomparable !
La Brebis toute aimable
Ecorche son Agneau,
Et c'est pour un coupable ! Quel spectacle, &c.
　Ne fuyons plus les Croix,
Puisqu'elles sont charmées,
On les trouve embaumées Du Sang du Roi des Rois,
Sous le Dieu des armées : Ne fuyons plus, &c.
　Son beau nom du Sauveur
Mérite nos hommages,
J'y vois tous les présages
D'une entiere faveur,
Mon salut prend pour gage : Son beau Nom, &c.
　Ce nom terrible & doux
Fait la Paix & la Guerre,
Le Ciel, l'Enfer, la Terre,
Lui courbent les genoux,

de Cantiques de Noëls.

Il éleve, il attire : Ce Nom, &c.
  Ses divines Vertus
Nous le ferons connoître?
Nos biens en doivent naître,
Nos maux être abbatus,
Le temps fera paroître : Ses divines, &c.
  Un Nom venu des Cieux
Demande nos loüanges,
Des Prodiges étranges
Le rendent glorieux;
Loüons avec les Anges : Un Nom, &c.
  L'Eternel dans le tems
Obéit à son Pere.
La bonté de sa Mere
Nous l'offre à tous momens
Aimons par ce mystere L'Eternel, &c.
  Marchez avec Jesus
Dans toutes vos années,
  mes predestinées,
Ne pensez à rien plus,
Pour être fortunées : Marchez, &c.

Cantique du très saint Nom de Jesus ; Sur l'air :
  J'ai bû plus de cent coups.

JE vois bien désormais
  Que le Ciel est sçavant
Au don des Seigneuries,
Il n'impose jamais
Des noms remplis de vent,
  Ou pleins de flateries ;
  S'il nomme dans ce jour
  Le Fils de Dieu Sauveur,
  Il doit à son amour
  Cette marque d'honneur,

S'il étoit né puissant, Le titre de Crésus,
Ou le nom d'Alexandre
Lui seroit bien seant, Mais le nom de Jesus,
Puisqu'il daigne descendre
Parmi la pauvreté,
Convient mille fois mieux
Qu'un nom de Majesté,
A ce Mignon des Cieux.

 Détrompe-toi, mon cœur, Le S. nom de Jesus
Est un nom de richesse,
Il a plus de bonheur Que celui de Crésus,
Il a plus de Noblesse,
Jesus n'a rien de plat Prononcé ni d'écrit,
Ce mot a tant d'éclat, Qu'il éblouït l'esprit.

 Jesus est ce grand Nom,
Devant qui les Enfers
Entre en défaillance,
Jesus est ce doux Nom,
Qui vient briser nos fers,
Non rempli de puissance;
O Nom rempli d'attraits,
Et devant qui la mort
Émousse tous ses traits,
Et n'a rien qui soit fort.

 Prononcez ces gros mots,
Alexandre, Hannibal,
Qui remplissent la bouche,
Et vous verrez bien tôt
Que le moindre animal,
Ne fût-ce qu'une mouche,
Ne feras pas un pas le moins précipité;
Tant elle estime bas ces noms de Majesté;
Mais au Nom de Jesus toutes les Nations
Changent de contenance;

La Nature est dessus ses inclinations
Pour rendre obéissance
A ce Nom plein d'amour,
Imitons-là, mon cœur,
Rendons-lui dans ce Jour
Toute sorte d'honneur.

 Sur tout, si nous pouvons,
Mourons en prononçant
Ce nom rempli de grace,
Et si nous le voulons
Dans un si doux accent,
Imitons un Ignace,
Qui le grava si fort
Au fond de son Esprit,
Que même après sa mort
Il y parut écrit.

 C'est l'unique moyen
Pour avoir ce bonheur,
Puisque dans ce passage
La langue ne dit rien,
Que tout ce que le cœur
Aimoit dans son voyage,
Enfin dans le trépas
Nos propos & discours
Suivront tous pas à pas
Nos cœurs & nos amours.

Noël ancien, reformé de l'Adoration des Rois ; Sur l'air
Beni soit l'œil noir de Madame.

BEnissons cette illustre Dame
Qui nous a sauvez de la flâme
Par son cher & bien aimé Fils,
A quoi Dieu l'avoit destiné,
Et par Elle la paix donnée

Dedans le terme & temps préfix.

Ce Dieu d'amour à sa Naissance,
Réduit à l'extrême indigence,
Fut des Pasteurs administré,
Et d'Orient les trois Rois Mages
Vinrent lui rendre leurs hommages,
L'Etoile leur ayant montré.

S'étant présentés dans l'Etable
Devant cet Enfant adorable,
Le premier se mit à genoux,
Et dit; grand Roi, je vous demande
De recevoir pour mon offrande
Cet Or, bien qu'indigne de vous,
Aimable Enfant sous l'apparence,
Que l'on voit dans vous de l'enfance,
Je vois votre Divinité.
Contemplant votre belle Face,
J'admire votre bonne grace
Non, commune à l'Humanité.

Je voudrois tous les Cœurs des Anges,
Afin d'entonner vos loüanges,
Et rendre immortel votre Nom,
Je souhaitte que ma parole
Par l'air & par le monde vole,
Pour publier votre renom.

Que ne suis-je un Salomon riche
Pour ne paroître vers vous chiche,
Cent fois plus je vous offrirois,
Mais n'ayant que cet Or d'élite,
Faites, mon Dieu, que je merite,
Autant que si plus je donnois.

Le premier achevant de dire,
Le second présente la Myrrhe;
Comme un baûme très-précieux;

Vous êtes le Dieu qu'on doit croire
Seul digne d'amour & de gloire,
Dit-il dans la Terre & les Cieux.
 Vous êtes le seul que j'estime,
L'objet de mon amour intime,
Entre vos mains je mets mon sort,
Dans vous je mets ma confiance,
Mon bonheur & mon espérance,
Et pour la vie & pour la mort.
 Le troisiéme ensuite, présente
Une coupe odoriferante
Pleine de parfums & d'Encens,
En lui disant, mon petit Sire,
Celui que plus j'aime & désire,
Recevez mes petits présens.
 Herode, pour à mort vous mettre,
Nous a voulu faire promettre
Au retour, de lui raconter
La façon de votre Naissance,
Et si par force & par puissance
Vous venez son Royaume ôter.
 Mais plûtôt periront du monde
Le Feu, l'Air, la Terre & l'Onde,
Plûtôt s'abîmeront les Cieux
Que nous n'ayons dans la mémoire
D'avancer par tout votre gloire,
Absens de ce malicieux.
 Adieu, petit Dieu, petit Ame,
Adieu, belle & celeste Dame,
Adieu, Joseph Tuteur du Fils,
Adieu, petit Roi de l'Empire,
Nous vous prions de nous conduire
De nos Païs en Paradis.

Cantique de saint Joseph; Sur l'air : *Amarilis*.

CHer Confident du plus sacré Myſtere,
　Pour qui l'on t'ait élevé des Autels,
Pere eſtimé, de celui qui ſans pere
A voulut naître au milieu des Mortels :
Joſeph, connoiſſez-bien ce Fils qui vous diſpence
　De lui donner conſeil dans ſon enfance.

　De ce Métier, où vous gagnez ſa vie,
Il ne faut point lui montrer la façon,
Tout ce que peut fournir votre induſtrie,
Il l'a compris ſans Maître & ſans leçon ;
Ce monde ici n'eſt rien que ſon apprentiſſage,
　N'avez-vous point quelque plus bel ouvrage ?

　L'autorité qu'à regir ſa Perſonne,
Il vous depart comme à ſon Curateur,
N'empêche pas tout ce qu'il vous ordonne
Dans les devoirs d'un humble Serviteur ;
Adorez ſa grandeur deſſous votre puiſſance,
　Et commandez dedans l'obéiſſance.

　Mais j'ai grand tort, de vous vouloir inſtruire,
Dedans le Point qui fait votre devoir,
Dieu ne vous a choiſi pour le conduire,
Sans qu'il vous ait inſpiré le ſçavoir ;
Il faut une ſageſſe à nulle autre ſeconde,
　Pour gouverner le Gouverneur du Monde.

Autre de la fuite de Joseph en Egypte; Sur l'air : *Qui s'engage n'eſt pas ſage* : ou *de la Trompette*.

JOſeph vîte A la fuite,
　Un inhumain vous pourſuit,
Aux fureurs de ce Barbare,
Cachez un Tréſor ſi rare
A la faveur de la nuit.

des Cantiques de Noëls.

Politique Tyrannique,
Qui ne crains que pour ton rang,
Cruel, as-tu le courage
De conserver ton partage
Par mille ruiseaux de Sang.

   Ame noire, Peut-tu croire
Qu'un Dieu ne t'échappe-pas?
Lui qui tient en main la foudre,
Qui peut te réduire en poudre,
Tu conspire son trépas.

   Pour tes crimes
Les abîmes,
Ce que l'Enfer a d'horreur,
Seront les dignes salaires
Des travaux sanguinaires,
Et de ta noire fureur.

Autre du bonheur des Saints Innocens; Sur l'air:
Allons dessus la Riviere.

PErmettez, Troupe Innocente,
Victimes d'un naissant,
Qu'avec un rustique accent
Dans ces Jours sacrés je chante
Les triomphes glorieux
Qui vous ont ouvert les Cieux.

   Oserois-je bien vous dire
Que ce n'est pas vôtre rang
De répandre votre sang,
Et que ce sanglant martyre,
Devoit attendre celuy
D'un Dieu qui naît aujourd'hui.

   Ah! j'entens votre langage,
Vous me dites par vos cris,
Que vous souffrez ce débris

Pour garantir du naufrage,
Un Enfant qui quelque jour
Vous donnera le retour.

 Le Tyran qui vous massacre
Fait le sourd à votre voix,
Et fait cependant des Rois,
Dans ce jour est votre Sacre,
Où vous êtes couronnés,
En Prince bien fortunés.

 Ne pleurez plus, pauvres Meres,
La mort de vos chers Enfans,
Regardez les triomphans
Dedans le sein de leurs peres,
C'est-là qu'un heureux séjour
N'aura point de dernier jour.

Cantique du Roi boit; Sur l'air : Ne vous étonnez pas si je cheris la Treille.

NE vous étonnez-pas
D'entendre à cette Fête,
Qu'en prenant nos repas
Je chante à pleine tête,
Mon grand Pere m'a dit,
Que quand Jesus beuvoit,
On crioit le Roit boit,
Le Roi boit, le Roi boit.

 Etes-vous ignorant
De ce que l'on doit croire,
Que passant un torrent
Il en a voulu boire;
Le Prophete Royale
Prévoyant qu'il boiroit, S'écrioit, &c.

 Mille Anges toute au tour
Envoyez de son Pere,

des Cantiques de Noels.

Voyant ce Dieu d'amour
Sur les bras de sa Mere,
Quand de son chaste Sein,
Un pur lait il suçcoit,   S'écrioient, &c.
   Les Pasteurs & les Rois
Témoins de ce Mystere,
Accorderent leurs voix
A celle de la Mere,
Et de son cher Époux,
Lorsque Jesus tetoit :   Et crioient, &c.
   En prenant son repos
Au bord d'une Fontaine,
Il but de l'Eau des Pots
De la Samaritaine,
Les Apôtres ravis,
Cependant il beuvoit ;   S'écrioient, &c.
   Aux nôces le bon vin,
Manqua dans la dépense,
De tristesse & chagrin
L'on gardoit le silence,
Mais lorsqu'il l'eût produit,
Et lorsqu'il en goûtoit,   Tous crioient, &c.
   Dans cet autre Festin
Où l'Amour par ses charmes,
Couvrit son Corps divin
Et de beaume & de larmes,
Les Conviés assis
Lorsque Jesus beuvoit,   S'écrioient, &c.
   Lorsqu'il goûte en la Croix
D'un Fiel amer le Verre,
L'on n'entend point la voix
De l'Homme sur la Terre,
  Mais l'Ange dans le Ciel,
   Voyant Jesus qui boit, S'écrioit, &c.

Etant Ressuscité,
Pour preuve de la gloire
De son Humanité,
Il veut manger & boire;
Les Apôtres voyant
Que leur maître beuvoit, S'écrioient, &c.
 A présent dans les Cieux
Il boit en abondance,
Du Vin délicieux, De la divine Essence;
Et les Saints à jamais :
Puisqu'à jamais il boit,
Chantent tous, le Roi boit, &c.

Cantique ancien après Graces.

Rendons humbles graces
Au Roi souverain,
Des biens efficaces De sa sainte main,
Qui par la naissance De son Fils Jesus,
Nous donne assurance D'être des Elûs :
Alleluya : alleluya : Kyrie, Christe, Kyrie, eleison

 Adam premier Pere Nous mit en danger,
Par la pomme chere Qu'il osa manger,
Nous devions tous être Damnés pour jamais,
Mais notre bon Maître Nous a fait la paix, Al: &c.

 Supplions Marie Et Jesus en foi,
Pour notre Patrie, Et notre bon Roi,
Qu'il ait la victoire De ses Ennemis,
Et nous tous la gloire Qu'il nous a promis, Al, &c.

 Soyons lui fideles Il nous gardera,
Toutes nos querelles, Il appaisera,
Il rend la justice, A petit & grand,
Il punit le vice, Il tient tout en rang, Al : &c.

 Nous ferons priere Généralement,
Pour Pere & pour Mere, Pour tous mêmement,

des Cantiques de Noëls.

Pour les pauvres Ames Qui sont dans le lieu,
Dont les vives flammes Les privent de Dieu, Al:&c.
   Marchant sur les traces De nos Peres vieux,
Beuvons après Graces Pour être joyeux,
Qu'on fasse la ronde Dans ce même instant,
Chacun me seconde Pour en faire autant, Al:&c.
   Avant donc qu'on sorte De cette Maison,
Chacun à sa sorte Me fasse raison,
Et puis dans la gloire Au Banquet des Cieux
Dieu nous fasse boire Du nectar des Dieux :
Alleluya : alleluya : Kyrie : Christe, Kyrie, eleison.

Nouvelle Pastourelle des Paroisses de la Ville d'Orleans;
   Sur l'air : *Amans, aimez vos chaînes.*

Sortons de nos Tannieres,
Je pense qu'il est jour,
Un brillant de lumieres   *Les*
Paroît tout à l'entour ;   *Pasteurs.*
Qui dit quelque Merveille,
Bergers qu'on se réveille,
J'entend comme des voix
 Qui viennent de ces Bois.
   Oüi, Pasteurs, sont les Anges
Qui vous font sçavoir
Un Sauveur dans les langes,   *Les*
Allez tous pour le voir   *Anges.*
Dans une Créche immonde
Le Monarque du monde,
Qui n'aît dans ces bas lieux
Pour nous rendre des Dieux.
   Gloire à ce Dieu suprême
Dans son plus-haut séjour,
Qui donne son Fils même
  ar un excès d'amour,

Et que fes faintes flâmes
Répandent dans les Ames
De bonne volonté
Sa paix & fa bonté.

 Au bruit de ces nouvelles
Les Pasteurs animés,
Et de ces voix si belles
Dont ils étoient charmés;
Sans tarder davantage,
S'en vont pour rendre hommage
A ce Divin Sauveur,
Et gagner fa faveur.

 D'une Ville de France
Il y vint des Bourgeois,
Du lieu de leur naiffance
Nommés Orleanois,
Apporter pour Etrennes
Du bled, du vin, des laines
Et force coins confis
Pour la Mere & fon Fils.

 Des deux Corps plus Auguftes
Sainte Croix, Saint Agnan,
Dans des diftances juftes
Chacun tenoit fon rang,
Chantant au divin Verbe
Couché fur un lit d'herbe
Dans ce lieu tout defert
Leurs motets de concert.

 En parfaite concorde
Saint Paul veut s'y conter:
Et que l'Orgue on accorde,
Afin de mieux chanter.
Tous les divins Cantiques,
Que les cœurs Ageliques

Avoient

voient sur leurs claviers
ntonné les premiers.
   De sainte Catherine
es Marchands bien connus
n draps de laine fine,
Sont ensemble venus
Faire de leurs richesses
 mplement leurs largesses,
A la Mere, & l'Enfant
Dans ce jour triomphant.
   L'on vit venir ensuite
Saint Pierre, & saint Michel
Pour rendre leur visite
A ce Dauphin du Ciel,
Puis en ceremonie
Tous deux de compagnie
Ont donné des joyaux,
Et nombre de flambeaux.
   Au brillant d'une Etoille
Saint Hilaire est venu
Apporter de la toille
Pour vêtir l'Enfant nud,
Et bien plus d'une paire
De colets pour la Mere,
Avec les plus beaux fruits
De son riche Pourpris.
   Saint Maclou, saint Sulpice,
Se sont mis en devoir
D'aller en sacrifice,
Offrir tout leur pouvoir,
Et leur tapisserie,
Et leur patisserie,
Gâteaux molets & fins,
Pour venir à leurs fins.

Saint Pierre en pont s'assemblent,
Saint Memin, saint Eloy,
Pour aller tous ensemble
Faire leur Cour au Roy,
Et chacun d'eux s'empresse
D'aller fendre la presse,
Pour frayer le chemin
A saint Pierre Lentin.

Saint Victor, saint Euverte
Ont fait porter du bois
Dans cette Etable ouverte,
Du moins pour quelques mois,
En dessein charitable
Dans le temps favorable,
De lui faire un logis
Au lieu de ce taudis.

Une Troupe s'avance
De saint Pierre Puillier,
Qui vient en diligence
Offrir du Sanglier
Un Pâté magnifique
D'une riche fabrique,
Qui fit ouvrir les yeux
A tous les Curieux.

Ceux de Bonne nouvelle,
Et la Conception
Sont venus d'un grand zele
Tous en procession,
Mais n'ayant rien en poche,
Benoist vint qui s'aproche,
Et leur fournit de l'or
De son riche Tresor.

Saint Liphard alla prendre
La Dame du chemin,

A dessein de s'y rendre,
Tenant tous dans la main,
Pour faire des fanfares,
Leurs luths & leurs guittares,
Trompettes & tambours
Durant tout ce beau cours.
 Saint Germain, saint Etienne
Les suivoient pas-à-pas,
Avec un peu de peine,
Parce qu'ils étoient las,
Mais tandis que la foule
Passoit l'eau qui s'écoule ;
Ils firent reculer,
De peur de s'accuser.
 Les gens de saint Paterne,
Pour en avoir leur part,
Ont porté la lanterne
De peur d'être trop tard,
Tous suivoient la lumiere,
D'une ferveur entiere,
Mais les bons Compagnons
Venoient à pas mignons.
 Saint Laurent, Recouvrance,
Qui ne font qu'un tous deux
Tinrent leur conference
Pour mener avec eux :
Crainte de la famine,
De la fleur de farine
La charge d'un Aînon,
Et l'offrir en leur nom.
 Une Troupe dévote
Partit de saint Marceau,
Qui chantoit dans sa note,
Vive le saint Berceau,

Et rendit ses hommages
De quantité d'herbages,
De fromage, & de lait
Des Vaches d'Olivier.
　D'une façon fleurie,
L'on vint de saint Vincent
Presenter à Marie,
Un Bouquet tout récent
De Roses très-vermeilles
Dans deux belles Corbeilles,
Et quantité de fleurs
De diverses couleurs.
　De saint Marc à la fille,
L'on vit venir sautant
Une bande subtile,
Et qui beuvoit d'autant,
Faisant des cabrioles
Au ton de leurs flageoles,
Dont chacun fut lassé,
Pour avoir trop dansé.
　Le Troupeau de Brionne
Est venu par après,
D'une intention bonne
Protester tout exprès,
A Jesus & sa Mere
De leur être sincere,
Et ne retournez plus
A leurs anciens abus.
　Lorsque la Compagnie
Eut fait son compliment
A Jesus & Marie,
Et Joseph son Amant,
Elle fit la demande
D'un Amour & Foi grande,

des Cantiques de Noels.

De les voir dans les Cieux
Pour comble de leur vœux.

Autre Paſtourelle d'Orleans ; Sur l'air : *Mon cher Baccus tout eſt perdu, &c.*

CHantons, mon cher Laurent, Noël,
Chantons d'un zele extrême
Un Ange eſt envoyé du Ciel
  Par un ordre suprême
Qui vient annoncer aux humains
  La paix universelle,
Chantons du cœur, frappons des mains,
  Ne me ſois plus rebelle.
Du Verbe divin la Bonté
  Veut bien dedans ce monde
Prendre ſa ſainte Humanité
  D'une Vierge feconde
Par l'organe du ſaint Eſprit
  Qui forme ce Miracle
Il eſt dans l'Evangile écrit,
  C'eſt un fait ſans obſtacle.
Un Ange a chanté dans les Cieux,
  Honneur au Roy de Gloire,
Paix aux hommes dans ces bas lieux,
  En ſigne de victoire :
Notre ennemi déconcerté
  Se voit en décadence,
Nous avons notre liberté
  Par la Toute-puiſſance.
Je découvre vers l'Orient
  Une Etoille brillante,
Qui par ſon viſage riant
  Nous promet quelque atteinte,
Donnons-nous tous deux le plaiſir

D'aller voir ce Mystere,
J'en sens un si pressant desir
Que je ne puis m'en taire.
Trois Seigneurs dans notre chemin,
Bien tôt nous enseignerent
Qu'elle annonçoit Dieu fait Humain,
Et nous le prosternerent;
Nous avons laissé nos Troupeaux
Sur le haut des Montagnes,
En joüant de nos chalumeaux
Tout le long des campagnes.
Laurent, nous sommes trop heureux
Dedans notre Province
De posseder le Roi des Cieux
Des monarques le Prince,
Reconnoissons ce grand bonheur,
Lui rendant nos hommages,
Par un sacrifice du cœur
A l'exemple des Mages
Les Dames Jacquette & Fanchon
Firent leur vœux paroître,
En presentant un plein Prochon
D'Or à Jesus leur Maître,
D'un esprit rempli de ferveur
D'amour & de tendresse,
Dont la Mere du doux Sauveur
Leur fit grande caresse.
Claude, Catois, Elizabeth
D'une vitesse grande,
Ont aporté de Nazareth
Chacune leur Offrande,
Pour presenter au saint Enfant
Cette rare Merveille,
Qui leur fit dire en triomphant,

des Cantiques de Noels.

Ô Beauté sans pareille ?
Madelon, Charlote & Godon,
Manon, Barbe, & Manette,
Margot, Babie, & Jeanneton
D'une union parfaite,
Etant dans le lieu prétendu
Eurent cette avantage
D'Offrir au Messie attendu
Leurs neuf cœurs en hommage.
Un Pere amena sa maison
Voir Jesus & sa Mere,
Manon, Renée, avec Nannon,
Estienne, & Jean son frere,
Manette, & Jeanneton sa sœur,
Et leur sœur Madelaine
Qui firent present de bon cœur
D'eux mêmes pour Etrenne.
L'on vit venir fort à propos
Trois sœurs qui ne font qu'une,
Anne, Madelaine & Catos,
Dans leur ferveur commune,
Protester d'un cœur humble & doux,
D'aimer toute leur vie
Et Jesus leur divin Epoux,
Et Joseph & Marie.
Jeanneton les suivant de près,
Offrit en sacrifice
Son Corps à Jesus tout exprès,
Pour lui rendre service,
Son cœur avec la volonté
Par promesse Authentique
Qu'elle a fait de sa liberté
A ce Roi magnifique.
Supplions la Mere & l'Enfant

La belle Bible

De nous faire la grace,
Dans son Royaume triomphant
D'avoir tous une place,
Afin de chanter à jamais
Parmi les Cœurs des Anges,
Dans les doux plaisirs de la paix
Ses divines Loüanges.

Pastourelle de S. Donatien d'Orleans : Sur l'air ; de *Pienne*, Ou *Belle Bergere ch.*

Venez, Peuple, je vous prie Voir Marie
    Et le Fruit que cette Nuit,
Cette Vierge & Mere pure Sur la dure,
    A divinement produit.
De tous côtez à cette heure Sans demeure,
    Venez voir cet Innocent,
Hâtez-vous pour reconnoître Votre Maître,
    Fils du Pere Tout-puissant.
Abandonnez vos Affaires Ordinaires,
    Allez vîte le trouver,
Puisqu'il vient par sa puissance, Sa clemence
    Pour tout le Monde sauver.
Tous les Pasteurs à la presse, Sans tristesse
    Abandonnent leur Troupeau,
Et ne sont pas les Bergeres, Les dernieres
    A chercher le Roi nouveau.
Trois Rois de leurs Domiciles, Très-dociles
    Vinrent faire leur presens,
Et de leurs mains liberales Et royales,
    Lui donner, Or, Myrrhe, Encens.
Si les Rois chantant louanges Et les Anges
    A ce Dauphin précieux,
Nous devons à leur exemple Dans ce Temple,
    Tâcher de faire comme eux.

Sus donc, que chacun s'éforce De sa force
  D'honorer cet Homme; Dieu,
Rendons-lui tous témoignage, De l'hommage
  Qu'on lui doit dans ce saint Lieu.
Puisque nous sommes ensemble, Ce me semble,
  Dedans Saint Donatien,
Faisons tous au Fils priere, Et sa Mere
  Pour notre Roi Très-Chrétien.
Qu'il n'ait rien plus en memoire
  Que sa gloire,
Que son saint Nom & ses Loix,
Qu'en heureuse paix il tienne
  Et maintienne
Tous les bons Orleanois.

Autre, sur les Triolets pour Orleans.

Pour adorer le Roi des Rois,
 Qui nous est né cette Nuit sainte,
Assemblez vous Orleanois,
Pour adorer le Roi des Rois,
Puisque les Anges de leur voix
L'ont dit, allez-y tous sans crainte,
Pour adorer le Roi des Rois
Qui nous est né cette Nuit sainte.
 O nuit qui nous produit le jour
Et le vrai Soleil de Justice,
Que je t'adore avec amour,
O Nuit qui nous produit le jour,
Que la Terre dans tout son tour
Fasse que ton Nom retentisse,
O nuit qui nous produit le jour
Et le vrai Soleil de Justice.
 Réveillez-vous, ô Pastoureaux,
Pour aller voir le Fruit de Vie,

Et laissez paître vos agneaux,
Reveillez-vous ô Pastoureaux,
Abandonnez tous vos Troupeaux,
Pour aller voir le vrai Messie,
Reveillez-vous, ô Pastoureaux,
Pour aller voir le Fruit de Vie.

 Faites lui présent de vos cœurs
O Saints & venerables Mages ;
Pour suivre ses attraits vainqueurs,
Faites-lui present de vos cœurs,
Il ne faut point d'autres honneurs,
C'est le plus parfait des hommages;
Faites-lui présent de vos cœurs,
O Saints & Venerables Mages.

 Dans une humble soûmission
Chantons ce Cantique à la Mere ;
Qui le fit sans corruption
Dans une humble soûmission ;
Adorons par devotion
Cette Fille qui fit son Pere,
Dans une humble soûmission
Chantons ce Cantique à la Mere

 Fût-il jamais rien de pareil,
Qu'une Fille soit Vierge & Mere ?
Qu'une Etoille enfante un Soleil,
Fût-il jamais rien de pareil,
Il faut que la Foi soit notre œil
Pour penetrer dans ce Mystere,
Fût-il jamais rien de pareil,
Qu'une Fille soit Vierge & Mere ?

 Sans perdre sa Virginité,
N'y sans aucune tache prendre,
Elle a sans douleur enfanté,
Sans perdre sa Virginité ;

lle a dedans ses Flancs porté
ieu que le Ciel ne peut comprendre,
ans perdre sa Virginité :
sans aucune tache prendre.
Dans les cœurs des Orleanois
et sez ce qui leur est utile,
t sur tout les Peuples François,
ans les cœurs des Orleanois ;
erbe Incarné, Maître des Rois,
Soyez Protecteur de leur Ville,
Dans les cœurs des Orleanois ;
Versez ce qui leur est utile.

Pastourelle ancienne, reformée de quelque Paroisses de la Beauce.

LEs Bourgeois de Châtre
Et du Mont le Hery,
S'en alloient quatre à quatre
En chassant le soucy Cette Journée icy,
Que la Vierge Marie
Prés le Bœuf & l'Asnon, don, don,
De Jesus accoucha, la, la,
Dans une Bergerie.

  Des Anges de lumieres
Ont chanté divers tons,
Aux Bergers & Bergeres
Qui gardoient leurs Moutons
Parmi tous ces Cantons,
Tout à l'entour de l'Onde,
Disant que ce mignon, don, don,
Etoit né près de la, la, la,
Pour le Salut du Monde.

  Ils prennent leurs Houlettes
Avec empressement,

Leurs Haut-bois, leurs Musettes,
Et s'en vont promptement
Tout droit à saint Clement
A travers la montagne
Etant tous rejoüis, ravis
D'aller voir cette Enfant, Naissant,
Joseph, & sa Compagne.
 De saint Germain la bande
Vint en Procession,
Et traversa la lande,
Sans faire station, Ni la collation,
Dansant à l'Harmonie
Que faisoient les Pasteurs chanteurs,
Lesquels n'étoient pas las, las, las,
De faire symphonie.
 Messie Jean Vicaire
De l'Eglise d'Eglis,
Fit porter pour mieux boire
Du Vin de son logis,
Ses Ecoliers garnis;
Toute cette Nuitée
Se sont mis à crier, chanter
Ut, re, mi, fa, sol, la, la, la,
A gorge déployée.
 Lors qu'on vuidoit la coupe,
Un nommé des Aveaux,
Faisoit de bonne soupe
Avec force naveaux,
Poulets & Pigeonneaux,
Pour faire grande chere,
Outre des Hallebrans, Faisans,
Qu'aporta Jean Babot, Point sot,
A Jesus & sa Mere,
 Comme on étoit à Table,

des Cantiques de Noël

n Garçon de Nevers
ur un Luth agréable,
Chanta mille beaux Airs
ur tous les tons divers,
êlant fa chanrerie
e Trompette & Clairons, don, don,
Avec l'Alleluya, la, la,
A Joseph & Marie.
   Tous prieret de grace
t la Mere & fils,
De leur faire avoir place
Dedans son Paradis,
Ce qu'ils leur ont promis,
Et puis chacun s'apprête,
D'aller vers son Canton, don, don,
Qui de cy, qui de là, la, la,
En faisant bonne fête.

Pastourelle, sur le Rigodon sauvage.
Ais-tu pourquoi   Tant de réjouissance?
Sais-tu pourquoi L'on dit vive le Roi?
    C'est que des Cieux,
ieu vient prendre naissance
    Dedans ces bas lieux: C'est, &c.
Tous nos Pasteurs Ont entendu les Anges;
ous nos Pasteurs Ont entendu leur Chœurs,
ui dans les Airs, Publioienx ses loüanges
ar leurs beaux concerts, Qui dans, &c.
    Disant tout haut.
Gloire au Dieu de la Guerre,
isant tout haut, Gloire à ce Dieu d'enhaut,
t que sa Paix regne dessus la Terre,
    Par tout desormais: Et que, &c.
    Dieu vous est né

Dans le coin d'une Etable,
Dieu vous est né Comme un abandonné,
Dessus du foin Près de sa Mere aimable ?
   Dans un grand besoin,
Dessus du foin près de sa Mere aimable,
   Laquelle en prend soin.
 Et d'un Joseph,
Qui n'est que son Beau-pere,
Et d'un Joseph qui lui tient lieu de Chef ;
   Ce saint Enfant Ne reconnoît pour Pere
Que Dieu triomphant ; Ce, &c.
 Pour l'aller voir Mettons-nous en campagne
   Pour l'aller voir
Mettons-nous en devoir,
   Si tu le veux,
Nous offrirons, Compagne
   Toutes deux nos vœux : Si tu, &c.
 Courons, volons,
Allons les voir, Bergere,
Courons, volons tout le long des Vallons :
   Je veux enfin,
Aller voir cette Mere :
   Et son cher Dauphin ; Je veux, &c.
 Ne faut-il pas
Lui rendre nos hommages ;
Ne faut il pas ? Pour gagner ses appas,
   Et lui porter
Des fruits de Villages
   Pour lui presenter : Et lui, &c.
 Puis tour à tour, Lui demandant sa grace,
Puis tour à tour, Nous lui ferons la Cour,
Pour obtenir De sa Bonté, la place
   Dans son souvenir ; Pour, &c.

Pastourelle nouvelle, Sur l'air ; *Ah ! Perins que tu me chagrine.*

AH ! Babellé, Sçais-tu la nouvelle ?
Qu'une belle Nous a mis au jour ;
Dieu qui quitte Pour notre merite,
Dieu qui quitte Son divin séjour.
  La musique D'un Cœur angelique,
Authentique L'a fait sçavoir,
Dans les langes, Disoient les Saints Anges,
Dans les langes Vous pourrez le voir.
  La memoire Du Roi de gloire,
Paix, victoire Répand en tout lieux
Dans les Ames Par ses pures flames,
Dans les Ames Qui cherchent les Cieux.
  Dans l'Etable Comme un miserable.
Doux, traitable Git ce Roi nouveau,
Une Crêche Sur la paille seiche,
Une Crêche Lui sert de Berceau.
  Courez vîte, Pasteurs, son merite
Vous invite D'en prendre le soin,
Il veut être L'Auteur de tout Estre,
Il veut être Réduit au besoin.
  O Merveille De Dieu sans pareille ?
Qui réveille Mon peu de ferveur,
Ah ! Petrine, Cherchons ma cousine,
Ah ! Petrine ; Cherchons ce Sauveur.
  Ah ! chere Ame, Que je sens de flamme,
Qui m'enflamme D'un pressant désir
D'aller mettre, Comme dans mon Maître,
D'aller mettre dans lui mon plaisir.

PASTOURELLE NOUVELLE, Sur l'air:
Si tu voulois Lizette.

DIALOGUE.

SI tu voulois, Bergere,
Venir dans ce bas lieu
Voir l'Enfant d'une Vierge Mere,
Qu'on dit être le Fils de Dieu?
  Que dis-tu là, ma Belle,
  Est-ce un conte à plaisir?
Dont tu compose la nouvelle
Pour satisfaire à ton désir:
  Tu te trompe la Rose,
  Elle est sans contredit,
Ce n'est point moi qui la compose,
Sont nos Voisins qui me l'ont dit.
  Ils disent vrai peut-être,
  Mais t'ont-ils dit comment
Une simple Fille peut-être
Mere du Roi du Firmament?
  Laisse ta resistance,
  C'est un Homme discret
Qui leur a dit en conscience
Comme un très-sublime secret.
  Mais si tu veux l'entendre,
  Il faut avoir la Foi,
Et par-là tu pourras comprendre
Le Mystere aussi bien que moi.
  Je promets sur la place
  De ne résister plus,
Si tu veux me faire la grace
De m'en dire tout le surplus.

Tu sçais bien qu'une Pomme
Nous devoit tous damner ;
Mais à dessein de sauver l'Homme,
Dieu même a voulu s'Incarner.

C'est par l'union pure
Qu'à fait le saint Esprit,
D'un Corps humain à la nature
Du Fils de Dieu, dit Jesus-Christ.

Et puis après l'espace
De neuf mois accomplis,
Cette Fille pleine de grace
Vient de produire ce beau Lys.

Au point de sa Naissance
Tous les Anges des Cieux,
En ont fait leur réjoüissance
Publiant la Paix en tous lieux.

Même qu'un de ces Anges
A dit à nos Bergers,
Qu'ils le trouveroient dans les langes
Dans un recoin de nos Vergers.

Qu'eux dans l'impatience
De voir ce Roi nouveau,
Sont courus avec diligence
Pour l'adorer dans son Berceau.

Dans le coin d'une Etable
Ils ont vû cet Enfant,
Sur du foin comme un miserable,
Bien qu'il soit aux Cieux triomphant.

Nous auront l'avantage
De le voir, si tu veux,
Et puis nous lui ferons hommage
De nos presens & de nos Vœux.

Je le veux, chere Rose,
Courons-y promptement,

Je m'en vais chercher quelque chose,
Et je reviens dans ce moment.

Pastourelle nouvelle; Sur l'air : *Allons la voir
à Saint Clou.*

ALlons la voir, beau René,
Cette belle incomparable,
De qui le Messie est né,
Cette nuit dans une Etable,
Son visage est plein d'appas,
Ne vous en étonnez pas,
  Elle est une Merveille
Qui n'eût jamais sa pareille.

 On nous a dit qu'au moment
De cette heureuse naissance,
Les Anges du Firmament
En ont fait réjouissance,
Chantant sur des tons divers,
Gloire au Roi de l'Univers;
  Qui veut donner au monde
Cette Perle sans seconde.

 Ceux de bonne volonté,
Puissent sentir l'efficace
De sa paix & sa bonté,
De son amour & sa grace;
Que les Hommes desormais
Vivent contens pour jamais.
  Puisque Dieu sur la Terre
Ne lance plus le tonnerre.

 Courez le voir, bons Pasteurs
Couché dedans une Créche,
Vous verrez si dans vos cœurs
L'Amour fera quelque bréche :
S'il est dans un lieu si bas,

Ne vous étonnez pas,
C'est sa bonté suprême,
Qui le met dans cet extrême.
Les Pasteurs à ces Propos
Se sont tous mis en campagne,
Laissant paître leurs Troupeaux
Tout autour de la Montagne,
Arrivant dans ce Débris,
D'abord ils furent surpris,
De ne voir qu'une Etable
Pour sa Grandeur adorable.
Mais eux d'une vive foi,
Sans reflechir d'avantage,
L'adorent comme Roi
De l'éternel Heritage ;
Lui demandant icy bas
De l'aimer jusqu'au trépas,
Et d'avoir d'eux memoire
Dans le Séjour de sa Gloire.

Pastourelle nouvelle ; Sur l'air : *du Cantique : Grand Dieu, je n'en puis plus, &c.*

Bergere, on m'a donné
Comme un Fait veritable,
Que le Messie est né
Dans le coin d'une Etable,
Dont même les devans
A tous les quatre vents,
De tous côtez font une bréche,
Et qu'il est sur du foin,
Au milieu d'une Créche
Dans l'extrême besoin.
Mais cela me surprend,
Et j'ai peine à le croire,

Je ris lors que j'apprens
Une semblable histoire;
On dit que nos Bergers
Veillans dans leurs Vergers,
Ont entendu les Anges
Qui chantoient dans ces lieux,
Allez voir dans les langes
Le Monarque des Cieux.

   Il est né cette Nuit
D'une Vierge féconde,
Qui donne ce beau Fruit
Pour le salut du Monde;
Gloire au Verbe éternel,
Qui du Sein paternel,
A bien voulu descendre
Pour vous donner sa Paix,
Laquelle doit vous rendre
Bienheureux pour jamais.

   Allez donc, bons Pasteurs,
Pour lui rendre assistance,
Soyez Adorateurs
De sa divine Enfance,
Celui qui nourrit tout,
De l'un à l'autre bout,
Veut comme un pauvre naître
Afin dans ce saint Jour,
De vous faire paroître
L'excès de son Amour.

   Je voudrois bien le voir
Pour en être certaine,
Si tu veux, vers le soir
Nous en prendrons la peine,
Mais lui porterons-nous
Quelque chose de doux

des Cantiques de Noels.

our n'être par surprises,
t lui dire humblement
ue nous serons soûmises
A son commandement ?
Nous lui presenterons
u fruit de nos Villages,   [hommages,
Et puis nous lui rendrons   De nos cœurs les
emandant la ferveur   De ce Divin Sauveur,
De nous faire la grace   De l'aimer icy bas,
D'un amour efficace   Jusqu'à notre trepas.

Pastourelle nouvelle; Sur l'air, *du Cantique* Pere
nouvel, qu'on vous loüe, &c.

N'Irons-nous pas voir le Dauphin des Cieux
Né cette nuit là bas dans une Etable.
Hé quoi ! met-on cet Enfant precieux
Dedans un lieu si peu considerable ?
D'où vient celà ? les maisons d'alentour
Eussent bien dû s'offrir à son service,
Sans le laisser dans une Basse Cour,
Est-ce par crainte, ou si c'est par malice ?
Quoi, Bethléem Ville du grand David,
Ose tu bien commettre un si grand crime,
D'avoir ainsi si lâchement ravi
Le logement à ton Fils legitime ?
Allons, Pasteurs, lui rendre nos devoirs,
Pour suppléer à son ingratitude,
En l'assurant de nos petits pouvoirs,
Et de bon cœur de notre servitude.
Et s'il est mal dans cet Apartement,
Nous le prierons par un tite d'hommage,
De vouloir bien prendre son logement
Dans le plus beau Bâtiment du Village.

TABLE
DES NOELS
Contenus ci-dessus.

	Page.
Noël pour le commencement de l'Avent, *Voicy le saint tems de l'Avent*	5
Du saint tems qu'arrive Noel	7
Est-il bien vrai que la Bonté suprême	8
Gabriël, viens t'en à moi	9
Le tems que l'Eternel avoit toûjours connu	11
Chantons je vous en prie	13
Une Vierge parfaite	16
Chantons Noël à l'honneur & la gloire	18
Je suis Marie	21
Salut, Rose vermeille	23
Princesse de tout l'Univers	24
Gloire soit au grand Roi des Cieux	25
Grand Dieu! quel dessein vôtre Amour vous inspire	27
Dieu d'Amour, Voici donc le jour	28
Est-ce un Dieu que je vois logé dans une Etable?	29
Qui croiroit qu'un Enfant tout nû né sur le fétu	30
Celebrons d'un air en Musique	31
Chantez un nouveau Cantique	32
O Soleil! arrête & contemple	34
Ce Roi des cœurs si redoutable	36
Entonnons tous d'une voix unanime	37
Qu'on ne me parle plus de guerre	38
D'un doux accent de nos voix	39
Celebrons tous la Naissance	40

TABLE.

Ange nous ayant dit que Jesus étoit né	41
Le petit Jesus dort	43
Un Enfant tout nouveau.	44
Jesus l'objet de ma tendresse	45
L'Enfant Jesus Roi de la Gloire.	46
Que tout l'Univers adore.	48
Quel bel Astre nous éclaire.	49
Si Dieu vient au monde aujourd'hui.	52
Allez, courez, belles bergeres.	53
Hola, ho Perichon.	54
Quoi, ma voisine est-tu fâchée.	56
Veux-tu venir Bergere.	58
Veux tu venir Berger, voir dans un grand besoin.	61
Chrétiens, adieu nos chaînes.	63
Pasteurs de ces Prairies.	65
En brave compagnie.	70
On ne dit plus par tout aucun mot de la guerre,	71
Chantons tous avec l'Ange.	72
A l'heureuse Naissance.	74
Gardant nos herbiettes, derelos, derelos, derelos.	76
O pauvres humaine Nature.	77
Bergers, quittez en diligence.	78
Voicy le jour de la Naissance.	79
Au premier jour de l'An.	80
Je vois bien desormais	83
Benissons cette illustre Dame	85
Cher Confident du plus sacré Mystere.	88
Joseph vîte A la fuite	ibid.
Permettez Troupe Innocente.	89
Ne vous étonnez pas	90
Rendons humble graces.	92
Sortons de nos Tannieres.	93
Chantons, mon cher Laurent Noël.	99
Venez, Peuple, je vous prie voir Marie.	101

DES CANTIQUES DE NOELS.

Pour adorer le Roi des Rois.	107
Les Bourgeois de Châtres.	107
Sais-tu pourquoi Tant de réjoüissance ?	107
Ah ! Babelle Sais-tu la nouvelle ?	109
Si tu voulois, Bergere.	110
Allons la voir, beau René,	112
Bergere, on m'a donné.	113
N'irons-nous pas voir le Dauphin des Cieux.	115

Fin de la Table.

APPROBATION.

J'Ay lû par ordre de Monseigneur le Garde des Sceaux, *La grande Bible des Noels tant vieux que nouveaux, avec les Cantiques faits en l'honneur de plusieurs Saints & Saintes.* Le débit que les Libraires ont de ces Ouvrages de pieté fait voir que le Public en est content, & qu'on en peut permettre l'impression. Fait à Paris ce 22. Avril 1723.

L'ABBE' RICHARD, *Censeur Royal.*

Permis d'imprimer. A Troyes ce 15. Avril, mil sept cent dix-sept.

LE GRAND.

A GRANDE BIBLE DES NOELS,

TANT VIEUX QUE NOUVEAUX.

Composez à la loüange de Dieu & de la Vierge Marie: Sur le chant: de plusieurs belles Hymnes & Chansons de cette Année.

Vûë & corrigé de nouveau.

A TROYES,

Chez la Veuve de JEAN OUDOT, Imprimeur-Libraire, rüe du Temple. 1732.

Avec Approbation, & Permission Royale.

TABLE DES NOELS
contenuës en ce Livre.

	page
COnditor alme siderum,	3
Noël. Noël, disons trois fois Noël,	4
Voici le tems que fut né Jesus-Christ,	8
Chantons joyeusement,	9
Puer nobis nascitur,	11
Chantons je vous,	15
Noël pour l'amour de Marie,	18
Le Créateur par une Providence,	20
Chantons je vous prie,	25
Il fait bon aimer,	27
Joseph est bien marié,	29
Une jeune pucelle de noble cœur,	31
Saint Prophéte, Saint Prophéte,	32
Noël nouvelet, Noël chantons ici,	34
Détoupez tretous vos oreilles,	35
Voici le jour solemnel,	39
Les Bourgeois de Chartres,	43
O nuit heureuse nuit	46
Etant né le doux Jesus-Christ,	48
Chantons je vous prie,	51
Voici le Redempteur qui vient,	53
Où s'en vont ses gais Bergers,	54
Graces soit renduë,	57
Vous qui desirez sans fin.	60

LA GRANDE BIBLE DES NOELS,

TANT VIEUX QUE NOUVEAUX.

CONDITOR alme siderum,
Æterna lux credentium,
Christe Redemptor omnium,
Exaudi preces supplicum,
Noël, Noël, Noël, Noël.
Noël, Noël, Noël, Noël.
Noël, Noël, Noël, Noël.
Noël, Noël, Noël, Noël.

Qui condolens interitu,
Mortis perire sæculum,
Salvasti mundum languidum,
Donans reis remedium.   Noël.

Vergente mundi vesperè,
Uti sponsus de thalamo,
Egressus honestissima,
Virginis matris clausula.   Noël.

Cujus fortis potentiæ,
Genu curvantur omnia,
Cælestia, terestria,
Nutu fatentur subdita.   Noël.

A ij

Te deprecamur agiè,
Venture judex sæculi,
Conserva nos in tempore,
Hostis à tello perfidi.   Noel.
 Laus honor virtus gloria,
Deo Patri & Filio,
Sancto simul paraclito,
In sempiterna sæcula.   Amen.
          Noel, Noel, Noel, Noel.
          Noel, Noel, Noel, Noel.
          Noel, Noel, Noel, Noel.
          Noel, Noel, Noel, Noel.

NOEL POUR LE JOUR DE LA Nativité de Notre Dame, Sur le chant, nouveau.

NOel, Noel, disons trois fois Noel,
Chantons de cœur Noel pour complaire à Noel
Chanter nous faut de Jesus notre Roi,
Qui au tems vint pour nous donner la Loy,
Il nous apprit sa créance & la Foy,
Dont par devotion devons bien chanter,
      Noel, Noel disons trois fois Noel,
   Eve & Adam firent la méprison,
Dont Jesus fut en humaine prison,
Si devons bien par devotion,
Pour l'amour de son nom en lui nos cœurs donner,
      Noel, Noel, disons trois fois Noel, &c.
   Tous les enfans d'Adam furent nez,
Par leur méfait furent à mort livrez,
Mais Jesus-Christ qui est lui tous aimé,

Pour tous les condamnez vint l'amende payer,
    Noël, Noël, difons trois fois Noël, &c.
Les Prophétes crierent longuement,
De cet Enfant le faint avenement,
Or eft venu le tems qui noblement,
Pour notre fauvement s'eft voulu obombrer,
    Noël, Noël, difons trois fois Noël, &c.
    En Nazareth où la pucelle étoit,
Vint Gabriël que le fecret portoit,
Paifiblement la Dame l'écoutoit,
Qui du fait ne fe doutoit, lors fe prit à chanter,
    Noël, Noël, difons trois fois Noël, &c.
    Dame vers vous faut faire mon devoir,
Du Roi du Ciel par moi vous fait fçavoir,
Un Fils vous faut porter à dire vrai,
Sans peché concevoir, fans peine endurer,
    Noël, Noël, difons trois fois Noël, &c.
    Lors fe prit moult la Dame émerveiller,
Quand elle oüir ainfi l'Ange parler,
Alors lui dit de Dieu vrai meffager,
Veuille moi enfeigner le fens de votre parler,
    Noël, Noël, difons trois fois Noël, &c.
J'ai dès-long-tems en mon cœur propofé,
Que je n'aurai jamais homme époufé,
Dieu a mon cœur de fa grace arroufé,
A lui me fuis voüée fans nul autre époufé,
    Noël, Noël, difons trois fois Noël, &c.
    L'Ange lui dit Dame ne vous doutez,
Joyeufement ma parole écoutez,
Le faint Efprit qui eft fur tous aimé,
Viendra en vos côtez pour cet Enfant former,
    Noël, Noël, difons trois fois Noel, &c.
    Elizabeth, qui fut fille de Roi,
Sterille étoit ayant perdu fes droits,

Elle a conçû un enfant de neuf mois,
Dieu dessus la Loy nul ne peut empêcher,
    Noel, Noel, disons trois fois Noel, &c.
    Puis qu'ainsi est l'Ange de verité,
Qu'enfanter puis en ma virginité,
Je me soumets à la divinité,
A ce qu'as recité bien m'y veux accorder,
    Noel, Noel, disons trois fois Noel, &c.
    Si-tôt qu'elle eût dit son consentement,
Elle conçût Jesus divinement,
Vierge devant, Vierge en l'enfantement,
Et perdurablement se peut Vierge nommer,
    Noel, Noel, disons trois fois Noel, &c.
    Quand Marie sçût le fait d'Elizabeth,
De l'aller voir en son chemin se met,
Legerement y va sans trop tarder,
De la servir s'entremet pour la plus honorer,
    Noel, Noel, disons trois fois Noel, &c.
    Joseph étoit en grande suspition,
Laisser voulut la Vierge de renom,
Mais Gabriël fit revelation,
Que sans corruption devoit enfant porter,
    Noel, Noel, disons trois fois Noel, &c.
    Au Mandement de Cesar Empereur,
En Bethléem étoit la Dame un jour,
En pauvre lieu, & de petit atour,
De notre Créateur, lui convient délivrer,
    Noel, Noel, disons trois fois Noel, &c.
    Aux Pastoureaux de cette region,
L'Ange du Ciel fit revelation,
En grande clarté & jubilation,
Et par devotion, leur prit à raconter,
    Noel, Noel, disons trois fois Noel, &c.
    Noncer vous veux grande admiration,

Noels nouveaux.

Né est le Roy de toute nation,
En Bethléem la Cité de renom,
Par grande dévotion nous y convient aller,
  Noel, Noel, disons trois fois Noel, &c.

Dit l'un à l'autre avez-vous l'Ange oüi
Qui maintenant à nos cœurs réjoüi,
Allons-y tous chacun y est convié,
Et répondant oüi, pour nous mieux informer,
  Noel, Noel, disons trois fois Noel, &c.

En Bethléem s'en sont allez le pas,
Là ont trouvé le doux enfant à bas,
Et sa Mere que sans aucun soulas,
Le voyant sur du foin ne cessoit de pleurer,
  Noel, Noel, disons trois fois Noel, &c.

L'Etoile qui de Dieu fut ordonnée,
Vint aux trois Rois, les a conviez,
En Bethléem si les a menez,
Au lieu où Dieu fut né, puis ne se veut montrer,
  Noel, Noel, disons trois fois Noel, &c.

Là sont entrez les nobles Chevaliers,
Qui ont trouvé l'Enfant enveloppé,
Dévotement se sont agenoüillez,
Et sont humiliez pour l'Enfant adorer,
  Noel, Noel, disons trois fois Noel, &c.

Par grand plaisir vont l'Enfant adorant,
Trois dons faisant en la plus honorans,
Myrrhe, Or fin & Encens odorant,
Et puis tout en pleurant veulent s'en retourner,
  Noel, Noel, disons trois fois Noel, &c.

Saint Simeon qui l'Enfant desiroit,
Prophétisa que mort ne souffroit,
Tant que l'Enfant entre ses bras tiendroit,
Et que porté l'auroit sur l'Autel présent,

Noel, Noel, disons trois fois Noel, &c.
La Vierge au Temple aporta Jesus-Christ,
Saint Simeon entre ses bras le dit,
Saint Simeon entre ses bras le prit,
Et à changer se mit, en disant haut & clair,
Noel, Noel, disons trois fois Noel, &c.

En paix de cœur, Sire je t'ai connu,
Entre mes bras humblement t'ai reçû,
Faut maintenant que je paye le tribut,
Car j'ai mon Sauveur vû, tems est de trépasser.
Noel, Noel, disons trois fois Noel, &c.

Prions le tous de cœur dévotement,
Que son amour aimons parfaitement,
Ainsi aprés notre trépassement,
Puissions joyeusement en sa gloire regner,
Noel, Noel, disons trois fois Noel,
Chantons d'un cœur Noel,
Pour complaire à Noel.

Autre Noël, Sur le chant ; *Hélas ! Mon Pere donnez-moi un Mary.*

Voici le tems que fut né Jesus-Christ,
D'une Pucelle pleine du Saint Esprit,
Qui l'enfanta sans douleur & sans peine,
Chantons Noel trétous par bonne étrenne.

Qu'eussions nous fait s'il ne fût descendu ?
Car en effet le monde étoit perdu,
S'il n'eût vêtu notre nature humaine,
Chantons Noel trétous par bonne étrenne.

Pour commencer de montrer son pouvoir,
A douze ans vint dans le Temple s'asseoir,

Pour disputer de la gloire souveraine,
Chantons Noël trétous par bonne étrenne.

Tous les Docteurs s'étonnerent grandement,
De voir un Enfant si docte & prudent,
Et ignorant sa puissance certaine,
Chantons Noël trétous par bonne étrenne.

Le bon Jesus, & sa Mere & ses Amis
A la chercher se sont tous entremis,
Trois jours entiers en grand travaille & peine,
Chantons Noël trétous par bonne étrenne.

L'ayant trouvé ils l'ont pris par la main,
Ensemble ils se mettent en chemin,
Pour retourner chacun en domaine,
Chantons Noël trétous par bonne étrenne.

Or prions tous la Mere & son Enfant,
Qu'au pas de mort nul soit languissant,
Nous délivrant de l'infernal peine,
Chantons Noël trétous par bonne étrenne.

Autre Noël, Sur le chant : *Mittit ad Virginem*, &c.

CHantons joyeusement,
En nous réjoüissans,
Du saint avenement,
Du Fils de Dieu Tout-puissant,
Car il s'est fait homme.

Gabriël humblement,
Marie saluä,
Par le commandement,
Du Pere Tout-puissant,
Dit l'*Ave Maria*,
La Vierge se trouble,
Quand l'Ange elle apperçû,

Et mout s'émerveilla,
Et foy pour pensa,
Qui étoit tel salut.
 Marie ne craint pas,
Dit l'Ange Gabriël :
Car grace trouveras,
Epouse tu seras,
Du Roi celestiel.
 Encore te dis plus,
Et te fais sçavoir,
De par Dieu là-sus,
Un fils nommé Jesus,
Tu concevras pour vrai.
 Je ne sçais pas comment
Cela pour venir,
Car j'ai fait un serment
De vivre nhastement
Et je te veux tenir.
 Or répond Gabriël,
Dessus toi descendra,
Le saint esprit du Ciel,
Le Fils de Dieu eternel,
Et il t'obombrera.
 La Vierge à ce devis,
Réponse lui a fait,
Chambriere je suis,
Du Roi de Paradis,
Son bon plaisir soit fait.
 L'Ange si s'en alla
Le saint jour de Noel
Aux Pasteurs annonça
Et leur signifia,
L'enfantement nouvel.
 Les Pasteurs sont venus

Bethléem tout droit,
Pour rendre le salut,
Au benit Roi Jesus,
Car ainsi le vouloit.

Autre Noel: Sur le chant: *de l'Eglise.*

Puer nobis nascitur,
Rectorque Angelorum,
In hoc mundo patitur,
Dominus dominorum.
In præsepè ponitur,
Sub fœno asinorum;
Cognoverunt Dominum,
Christum regem cœlorum.
Tunc Herodes timuit,
Maximo cum livore,
Infantes & pueros
Occidit cum dolore.
Qui natus ex Maria
In die hodierna,
Perducat gloria,
Ad gaudia superna.
Angeli lætati sunt,
Hiem cum Domino,
Cantaverunt Gloria,
Et in excelsis Deo.
Gloria & in cœlo,
Virtute lætabundo,
Sine fine termino,
Benedicamus Domino.
Amen.

AUTRE NOEL.

A La venuë de Noël,
Chacun se doit bien réjoüir,
Car c'est un Testament nouveau,
Que tout le monde doit tenir.
 Quand par son orgüeil Lucifer,
Dedans l'abîme trébucha,
Nous allions trétous en Enfer,
Mais le Fils de Dieu nous racheta.
 Dedans la Vierge s'obombra,
Et dans son corps voulut gésir,
La nuit de Noël l'enfanta,
Sans peine & sans douleur souffrir.
 Incontinent que Dieu fut né,
L'Ange l'alla dire aux Pasteurs,
Lesquels se sont pris à chanter,
Un chant qui étoit bien gracieux.
 Après un bien petit de tems,
Trois Rois le vinrent adorer,
Lui apportant Myrrhe & Encens,
Et Or qui est fort à loüer.
 A Dieu le vinrent présenter,
Et quand se vint au retourner,
Trois jours & trois nuits sans-cesser,
Herodes les fit pourchasser.
 Une Etoile les conduisoit,
Qui venoit devers l'Orient,
Qui à l'un & l'autre montroit,
Le chemin droit en Bethléem.
 Nous devons bien certainement,
La voye & le chemin tenir,

r elle nous montre vrayement,
notre-Dame doit gésir.
Là virent le doux Jesus-Christ
la Vierge qui le porta,
lui qui tout le monde fit,
t les pécheurs ressuscita.
Bien apparut qu'il nous aima,
uand à la Croix pour nous fut mis,
ieu le Pere qui tout créa,
ous donne à la fin Paradis.
Prions-le tous au dernier jour,
uand tout le monde doit finir,
ue nous ne puissions aucun de nous,
ullé peine d'enfer souffria.
Amen. Noel, Noel, Noel,
ne pourrois plus tenir,
ue je chante ce Noel,
uand je vois mon Sauveur venu.

―――――――――――

Autre Noel, Sur le chant : *je l'ay perdüe celle que j'aimois tant.*

Hantons je vous prie,
Par exaltation,
n l'honneur de Marie,
leine de grand renom.
Pour tout l'humain lignage,
tter hors de péril,
ut transmis un message,
la Vierge de prix.
Nommée fut Marie,
r destination,

De Royale lignée,
Par generation.

 Or nous dites Marie,
Qui fut le meſſager,
Qui porta la nouvelle,
Pour le monde ſauver.

 Ce fut l'Ange Gabriël,
Qui ſans dilation,
Dieu envoya ſur terre,
Par grande compaſſion.

 Or nous dites Marie,
Que vous dit Gabriël,
Quand vous porta nouvelle,
Du vrai Dieu eternel.

 Dieu ſoit en toi Marie,
Dit ſans dilation,
Tu es de grace remplie,
Et benediction.

 Or nous dites Marie,
Où étiez vous alors,
Quand Gabriël l'Archange,
Vous fit un tel raport.

 J'étois en Galilée,
Plaiſante région,
En ma chambre enfermée
En contemplation.

 Or nous dites Marie,
Cet Ange Gabriël,
Et dit-il autre choſe,
En ce ſalut nouvel.

 Tu concevras Marie,
Dit-il ſans fiction,
Le Fils de Dieu t'aſſie,
Et ſans corruption.

Noels nouveaux.

Or nous dites Marie,
  présence de tous,
ces douces paroles,
ue rêpondites-vous.
  Comment se pourroit faire,
  u'en telle nation,
e Fils de Dieu mon Pere
renne Incarnation.
  Or nous dites Marie,
ous semble-il nouvelle,
  'oüir telles paroles,
e l'Ange Gabriël.
  Oüi, car de ma vie,
e n'eus intention,
  'avoir d'homme lignée,
  i copulation.
  Or nous dites Marie,
ue vous dit Gabriël,
  uand vous vit ébahie,
e ce salut nouvel.
  Marie ne te soucie,
C'est l'obombration,
  u Saint Esprit ma mie,
  t l'operation.
  Or nous dites Marie,
Creustes-vous fermement,
Ce que l'Ange vint dire,
Sans nul empêchement.
  Oüi, disant à l'Ange,
  ans aucune question,
  oit faite & accomplie,
  a nonciation.
  Or nous dites Marie,

Les neuf mois accomplis,
Nâquit le fruit de vie,
Comme l'Ange avoit dit.
    Oui sans nulle peine,
Et sans oppression,
Nâquit de tout le monde,
La vraye Redemprion.
    Or nous dites Marie,
Le lieu imperial,
Fut-ce en chambre parée,
Où en Palais Royal.
    En une pauvre étable,
Ouverte à l'environ
Où n'y avoit ni feu ni flamme
Ni late ni chevron.
    Or nous dites Marie,
Qui vous veut visiter,
Les Bourgeois de la Ville,
Vous ont-ils rien donné.
    Oncques hommes ni femmes
N'en eut compassion,
Non plus que d'une esclave
D'étrange région.
    Or nous dites Marie,
Les laboureurs des champs,
Vous ont-ils visitée,
Et aussi les Marchands.
    Je fus abandonnée,
De cette nation,
Et d'eux en la nuitée,
N'eus consolation.
    Or nous dites Marie,
Les pauvres pastoureaux,

Q

Qui gardoient ès montagnes,
Leurs brébis & agneaux.
  Ceux là m'ont visité,
Par grande affection,
Sçachez que fort m'agré,
Leur visitation.
  Or nous dites Marie,
Les Princes & les Rois
Votre Enfant débonnaire,
Le sont-ils venus voir.
  Trois Rois de haut partage,
D'étrange Région,
Lui vinrent faire hommage
En grande oblation.
  Or nous dites Marie,
Que devint cet Enfant,
Tandis qu'il fût envie,
Fût-il homme sçavant.
  Homme de sainte vie,
Et grande dévotion,
Etoit je vous affie,
Sans nulle abusion.
  Or nous dites Marie,
Puisque l'Enfant fut né,
Tant qu'homme il fut envie,
Fût-il du monde aimé.
  Oüi, n'en doutez mie,
Hors de la nation,
Des faux Juifs pleins d'envie,
Et de déception.
  Or nous dites Marie :
Les faux Juifs malheureux
Lui portoient ils envie,
Tandis qu'il fut avec eux.

B

Telle envie lui porterent
Et sans occasion,
Que souffrir ils lui firent
Cruelle passion.

Or nous dites Marie,
Sans plus enquérir,
Ces faux Juifs pleins d'envie,
Le firent-il mourir?

Oüi, de mort amere,
Par grande détraction,
Sur la Croix le cloüerent,
Et entre deux larrons.

Or nous dites Marie,
En étiez-vous bien loin,
Fûtes-vous-là présente,
En vîtes-vous la fin.

Oüi, las! éplorée,
Par grande affliction,
Dont souvent chuë pâmée;
Et non sans raison.

Nous vous prions Marie,
De cœur très-humblement
Que nous soyez amie,
Vers votre cher enfant.

Afin qu'ès jours funestes
Que tous jugés serons,
Puissions être pourvûs,
Là sus avec les bons. Ainsi soit-il.

Autre Noël, Sur le chant : De la fausse trahison.

Noël pour l'amour de Marie,
Noël chanterons joyeusement

Noels nouveaux.

Quand elle porta le fruit de vie,
Ce fut pour notre sauvement.

    Joseph & Marie s'en allerent,
Un soir bien tard en Bethléem,
Ceux qui tenoient Hôtellerie,
Ne les prisoient pas grandement.

    Ils s'en allerent parmi la Ville,
Et d'huys en huys logis quérant,
A l'heure la Vierge Marie,
Etoit bien près d'avoir enfant.

    S'en allerent chez un riche homme
Logis demander humblement,
Et on leur répondit en somme,
Avez-vous chevaux largement.

    Nous avons un bœuf & un âne
Voyez-les ici présentement,
Vous ne semblez que truandaille,
Vous ne logerez point céans.

    Ils s'en allerent chez autre,
Logis demander pour argent,
Et on leur repond en outre,
Vous ne logerez point céans.

    Joseph si regarda un homme,
Qui l'appelloit méchant paysant,
Où veut-tu mener cette femme,
Qui n'a pas plus haut de quinze ans.

    Joseph va regarder Marie
Qui avoit le cœur dolent,
En lui disant ma douce amie,
Ne logerons-nous autrement.

    J'ay vû là une vieille étable
Logeons nous-y pour le présent,
Alors la Vierge aimable,
Etoit prêt d'avoir Enfant.

A minuit en cette nuitée,
La douce Vierge ent Enfant,
Sa robbe n'étoit point fourrée,
Pour l'enveloper chaudement.

Elle le mit en une créche,
Sur un peu de foin seulement,
Une pierre dessous sa tête,
Pour reposer le Tout-puissant.

Très-chers gens ne vous-déplaise,
Si vous vivez si pauvrement,
Si fortune vous est contraire,
Prenez-le tout patiemment.

En souvenance de la Vierge,
Qui prît son logis pauvrement,
En une étable ouverte,
Qui n'étoit point fermée devant,

Or prions la Vierge Marie,
Que son Fils veüille supplier,
Qu'il nous fasse mener telle vie,
Qu'en Paradis puissions entrer.

Si une fois y pouvions être,
Jamais ne nous faudroit plus rien,
Ainsi fut logé notre Maître,
Le doux Jesus en Bethléem.

―――――――――――

Autre Noel, Sur le chant : *Quand j'étois libre.*

LE Créateur par une Providence,
Dit à Adam de l'Arbre de science,
Ne prend aucunement,
Car si du fruit tu mange, d'assûrance
Tu en mourras, & ceux de ta semence,

Trétous enſemblement.
   Mais le ſerpent de Dol & cautelle,
Se douta bien qu'Eve étoit moins fidele,
Lui fit apertement,
Si vous mangez de ce fruit délectable,
Ainſi que Dieu ſerez choſe admirable,
Trétous enſemblement.
   Eve qui fut de ſçavoir curieuſe,
Sa main étant très-curieuſe,
Porta au fruit premierement,
Et d'en manger Adam fort importune,
Qui en goûtant nous ſoûmis à fortune,
Trétous enſemblement.
   Et pour ce fait par divine juſtice
Fut condamné pour punir ſa malice
A mourir pauvrement,
Et non lui ſeul ; mais ceux de ſa lignée,
Y ſont ſujet par ſentence donnée,
Trétous enſemblement.
   Mais notre Dieu par ſa miſericorde,
Veut de priſon l'ôter, s'y accorde,
Remettant purement,
La coupe, & Adam l'ôte de peine,
Et ſes enfans auſſi choſe certaine,
Trétous enſemblement.
   Et tout ainſi que fut faite la playe,
Dieu nous veut garentir de ſemblable voye,
De tout premierement,
Et comme vint à tout la grande ruine,
De guériſon avons la medecine,
Trétous enſemblement,
   L'Ange malin premier parle à ſa femme,
L'Ange de Dieu ſaluë Notre-Dame,
Et fort révéremment,

Disant un fils concevras Vierge pure,
Qui des humains nétoyera l'ordure ;
Trétous ensemblement.
  Eve déchût par inobédience,
Marie au contraire par obeïssance,
Marie vrayement.
Son Jesus, Fils égale à son Pere,
Qui est venu pour nous tirer de la misere,
Trétous ensemblement.
  Eve ne fût à Dieu obéïssante,
Marie se disant la servante,
Du Seigneur humblement,
Dont tout ainsi que l'une ôte la vie,
L'autre produit qui vivifie,
Trétous ensemblement.
  Par son forfait Adam fut par un Ange,
De Paradis chasé en terre étrange,
Et tout soudainement,
Comme étrange Jesus nâquit au monde,
Pour nous tirer d'une terre profonde,
Trétous ensemblement.
  Adam premier au bois commis l'offense,
Mais Jesus-Christ en la récompense,
Au bois pareillement,
Ainsi vaincu au bois est l'advarsaire,
Comme vaincu nous au contraire,
Trétous ensemblement.
  Considerons Chrétiens je vous suplie,
Comme pour nous notre Dieu s'humilie
Et un animent,
Le supplions qu'après cette vie mortelle,
Conduit soyons à la vie éternelle,
Trétous ensemblement.
  Ainsi soit-il.

Autre Noel, Sur le chant : *Si le Loup venoit*, &c.

CHantons je vous prie
Noël hautement,
D'une voix jolie,
En solemnisant
De Marie pucelle,
La conception,
Sans originelle,
Maculation.

 Cette jeune fille,
Native elle étoit,
De la noble Ville,
De Nazareth,
De vertu remplie,
De corps gratieux,
C'est la plus jolie,
Qui soit dessous les Cieux.

 Elle alloit au Temple,
Pour Dieu suplier,
Le Conseil s'assemble,
Pour la marier,
La fille tant belle,
N'y veut consentir,
Car Vierge & pucelle,
Veut vivre & mourir.

 L'Ange lui commande
Qu'on fasse assembler,
Gens en une bande,
Tous à marier
Et duquel la verge,

Tantôt fleurira
A la noble Vierge,
Vrai mari sera.

Tantôt abondance,
De gentils galands,
La Vierge plaisante,
Vont tous souhaitant,
A la noble Fille,
Chacun s'attendoit,
Mais le plus habile,
Sa peine y perdoit.

Joseph prit sa verge,
Pour s'y en venir,
Combien qu'à la Vierge,
N'eût mis son desir,
Car toute sa vie,
N'eût intention,
Vouloir, ni envie,
De conjonction.

Quand ils furent au Temple,
Trétous assemblés,
Etant tout ensemble,
En troupe ordonnée,
La verge plaisante,
De Joseph fleurit,
Et au même instant,
Porta fleur & fruit.

En grande révérence,
Joseph on retient,
Qui par sa main blanche,
Cette Vierge print,
Puis après le Prêtre
Recteur de la Loy,
Leur a fait promettre,

A tous deux la Foy,
   Baiſſant les oreilles;
Ces gentils galands,
Tant que ces merveilles
S'en vont murmurans,
Diſant s'eſt dommage
Que ce pere gris,
Ait en mariage,
La Vierge de prix.
   La nuit en ſuivante,
Autour de minuit,
La Vierge plaiſante,
En ſon livre lit,
Que le Roi celeſte,
Prendroit nation,
D'une pucelette,
Sans corruption.
   Tandis que Marie,
Ainſi contemploit,
Et toute ravie,
Envers Dieu étoit,
Gabriël l'Archange,
Vint ſubtilement,
Entrant dans la chambre
Tout viſiblement.
   D'une voix doucette
Gracieuſement,
Dit à la fillette:
En la ſaluant,
Dieu vous garde Marie,
Pleine de boneé,
Vous êtes l'amie,
De la Déïté.
   Dieu fit ce myſtere,

En vous merveilleux,
C'est que ferez Mere,
Du Roi glorieux,
Votre pucelage,
Et Virginité,
Par divin ouvrage,
Vous sera gardé.

 A cette parole,
La Vierge consent,
Le Fils de Dieu volle,
Et en elle descend,
Tantôt fut enceinte,
Du Prince des Rois,
Sans peine ni sans crainte,
Le porta neuf mois.

 La bonne besogne,
Joseph pas n'attend,
A peine qu'elle n'en gronde;
S'en va murmurant,
Mais l'Ange celeste,
Lui dit en dormant,
Qu'il ne s'en dehaitte,
Car Dieu est l'Enfant.

 Joseph & Marie,
Tous deux Vierges sont,
Qui par compagnie,
En Bethléem vont,
Là est accouchée,
En pauvre déduit,
La Vierge sacrée,
Autour de minuit.

 Elle fut consolée,
Des Anges des Cieux,
Elle fut visitée,

Des Pasteurs joyeux,
Et fut reverée,
De trois nobles Rois,
Elle fut rejettée,
Des riches Bourgeois,
  Or prions Marie,
Et Jesus son Fils,
Qu'après cette vie,
Nous donne Paradis,
Et notre voyage,
Etant achevé,
Ayons pour partage,
Le Ciel asûré.
  Ainsi soit-il.

Autre Noël, Sur le chant ; *Il fait*.

IL fait bon aimer,
Loyaument servir,
La Vierge Marie,
Et Jesus son Fils,
Marie, Marie,
Que vous êtes grosses,
Les gens vont disant,
D'un petit Enfant,
Mais je crois certes,
C'est de Jesus-Christ,
Car tous les Prophétes,
L'ont ainsi écrit.
  Il fait bon aimer, &c.
Ah ! benîte Dame,
Fort heureux sera,

Qui de corps & d'ame,
Vous obéira,
Et vous servira,
De bon apétit,
Bien fait qu'on reclame,
Vôtre enfant petit,
Il fait bon aimer.

Vous fûtes heureuse,
Du salut nouvel,
Vierge glorieuse,
Que fit Gabriël,
Or chantons Noël,
Tous en grand desir,
O Mere !
Prenez-y plaisir,
Il fait bon aimer.

A cette naissance,
Vinrent les Pastoureaux
En obéissance,
Offrir leurs agneaux,
Les trois nobles Rois,
Y vinrent aussi,
Offrir leur chance,
A votre mercy,
Il fait bon aimer.

Anges & Archanges,
Qui vinrent des Cieux,
Pour rendre loüanges,
Au Roy précieux,
Si très-gracieux,
Qu'à la mort s'est mis,
Pour les maux étranges
Que nous avons commis
Il fait bon aimer ; &c.

Noels nouveaux.

O Vierge tant belle,
Vous avez produit,
Demeurant pucelle
Un très-noble fruit,
Tout le monde benit,
Et s'en réjoüit,
Car telle nouvelle,
Jamais on oüit,
Il fait bon aimer,
Loyaumment servir,
La Vierge Marie,
Et Jesus son Fils.

AUTRE NOEL.

Joseph est bien marié, *bis.*
  A la Fille de Jessé, *bis.*
C'étoit chose bien nouvelle,
D'être Mere & pucelle,
Dieu y avoit operé,
Joseph est bien marié.
  Et quand ce vint au premier *bis.*
Que Dieu nous voulut sauver, *bis.*
Il fit en terre descendre,
Son seul Fils Jesus pour prendre,
En Marie humanité,
Joseph est bien marié.
  Quand Joseph eut aperçû *bis.*
Que sa Femme avoit conçû *bis.*
Il ne s'en contenta mie,
Fâché fut contre Marie,
Et s'en voulut aller,

Joseph est bien marié.

 Mais l'Ange si lui a dit, *bis*
Joseph n'en aye dépit,
Ta sainte Femme Marie,
Est grosse du fruit de vie,
Elle a conçû sans peché
Joseph est bien marié.

 Change donc ton pensement, *bis*
Et aproche hardiment,
Car par toute puissance,
Tu es durant son enfance,
A le servir dedié,
Joseph est bien marié.

 Noël en droit minuit, *bis*
Elle enfanta Jesus Christ,
Sans peine & sans tourment,
Joseph se soucie grandement
Du cas qu'il est arrivé,
Joseph est bien marié.

 Des Anges y sont venus, *bis*
Voir le Redemteur Jesus,
De très-belle compagnie,
Puis à haute voye jolie,
Gloria ils ont chanté,
Joseph est bien marié.

 Les Pasteurs ont entendu, *bis*
Que le Sauveur est venu,
Ont laissé leur brebiette
Et chantant de leur musettes,
Disant que tout est sauvé,
Joseph est bien marié.

 Les trois Rois pareillement, *bis*
Ont porté leurs présens,
Or, Encens, aussi Myrrhe,

Noels nouveaux,

Ont donné au Fils de Marie,
De lui feroit grand clarté,
Joseph est bien marié.
 Or prions devôtement,   bis.
De bon cœur très-humblement,   bis.
Qui paix, joye & bonne vie,
Impetre Dame Marie,
A notre necessité,
Joseph est bien marié.

Autre Noël, Sur le chant; *Une jeune*
Fillette dormoit, &c.

UNe jeune Pucelle de noble cœur,
 Priant en sa chambrette son Créateur,
L'Ange du Ciel descendit sur la terre,
Lui conta le Mystere,
De notre Salvateur.
 La Pucelle ébahie de cette voix,
Elle se prit à dire pour cette fois,
Comment pourra s'accomplir cette affaire;
Car jamais n'eut affaire,
De nul homme qui fuit.
 Ne te soucie Marie aucunement,
Celui qui seigneurie au firmament,
Son saint Esprit te fera apparoître,
Dont tu pourras connoître,
Tôt cet enfantement.
 Sans douleur ni sans peine & sans tourment,
Neuf mois sera enceinte de cet enfant,
Et quand viendra à le poser sur terre,
Jesus faut qu'on l'appelle,

Roi sur tout triomphant.

Lors fut tant consolée de ses beaux dits,
Qu'elle s'estimoit être en Paradis,
Se soûmettant de toute à lui complaire,
Disant voilà l'ancelle,
Du Sauveur Jesus-Christ.

Mon ame magnifie, Dieu mon Sauveur,
Mon esprit magnifie son Créateur,
Car il a eu égard à son ancelle,
Que terre universelle,
Lui soit gloire & honneur.

Autre Noel : Sur le chant : *O Hermite,*
Saint Hermite, &c.

SAint Prophéte, Saint Prophéte,
Le deüil nous est deffendu,
Car les choses sont parfaites,
Qu'avez-long-tems attendu ;
Pour paix acquerre,
Jesus-Christ est deffendu,
Au tems dû,
Du Ciel attendu.

L'Ecriture est accomplie,
De tout le vieil Testament,
La verge de Jessé fleurie,
Nous a donné sauvement,
Car de Marie,
A minuit est né l'Enfant,
Triomphant,
Qui nous rend la vie.

C'est mille ans & davantage

Noels nouveaux

Nature a maintes mal souffert,
Mais pour l'ôter hors de servage,
Dieu nous a son Corps offert,
Par sa clemence,
Or est détruit Lucifer,
Et l'Enfer,
A sa naissance.

D'une Vierge pure & nette,
Est né le grand Roi des Cieux,
Dedans une maisonnette,
Découverte en plusieurs lieux,
Sans feu ni flamme,
Et n'avoit habits précieux,
Qu'un linceul,
Et pauvres langes.

Les Pasteurs de Judée,
Ont sçut cet avenement,
Sont venu voir l'accouchée,
Dans la Crêche pauvrement,
Dolente & vaine,
L'âne & le Bœuf près l'Enfant,
Échauffant,
De leur haleine.

Guillemain se montra sage,
Car il ôta son chapeau,
Et dit maintes menus souffrages,
Adorant le Roi nouveau,
Job ne fut chiche,
A l'enfant donne un agneau,
Gras & beau,
Et une miche.

Trois Rois d'étrange contrée,
Que l'étoile conduisoit,
Ont fait gratieuse contrée,

Où le nouveau Roi gissoit,
En grande souffrance,
Et prioit,
Par révérence.

    Prions tous la digne Mere,
Et son Enfant gratieux,
Qu'en nous le peché n'opere,
Mais soyons les victorieux,
Sur toute offense,
Et que nous puissions avoir lieu,
Es Cieux,
Par pénitence,
    Ainsi soit-il.

AUTRE NOEL.

Noel nouvelet, Noel chantons ici,
Devôtes gens rendons à Dieu merci,
Chantons Noel pour le Roi nouvellet,
Noel nouvellet, Noel chantons ici.

    Quand m'éveillai, & j'eus assez dormi,
Ouvrit mes yeux vis un arbre fleuti,
Dont il en sortoit un bouton vermeilloit,
Noel nouvellet, Noel chantons ici.

    Quand je le vis mon cœur fut réjouïs,
Car grande beauté resplandissoit en l'air,
Comme un Soleil qui lui au matinet,
Noel nouvellet, Noel chantons ici.

    D'un oyselet après le chant oüi,
Qui aux Pasteurs disoit partez d'ici,
En Bethléem trouverez l'agnelet,
Noel nouvellet, Noel chantons ici.

En Bethléem Marie & Joseph vit,
L'Enfant couché, le Bœuf près de lui,
La Créche étoit au lieu d'un bercelet,
Noel nouvelet, Noel chantons ici.

L'Etoile vit que la nuit éclairoit,
Qui d'Orient trois Rois étoient partis,
En Bethléem les trois Rois amenoit,
Noel nouvellet, Noel chantons ici.

L'un portoit l'Or, & l'autre la Myrrhe aussi,
Et l'autre encens qui faisoit bon sentir,
Portant Tourterelles dedans un paneret,
Noel nouvellet, Noel chantons ici.

Quarante jours de nourrice attendit,
Entre les bras de Simeon le rendit,
Portant tourterelles dedans un paneret,
Noel nouvellet, Noel chantons ici.

Quand Simeon le vit, il fit un haut cri,
Voici mon Dieu, mon Sauveur Jesus-Christ,
Voici qui joye au peuple met,
Noel nouvellet. Noel chantons ici.

En trente jours fut Noel accompli,
Par dix versets sera mon chant fini,
Par chacun jour j'en ai fait un couplet,
Noel nouvellet, Noel chantons ici.

Autre Noël, Sur le chant : *De l'Oubliette.*

Detoupez trétous vos oreilles,
Vous entendrez conter merveilles,
Du Sauveur la Nativité,
A ce saint jour faisant la veille,
Ne dormons plus qu'on se réveille,

Joyeusement chantons Noël.

 Dieu de son souverain Empire,
Pour nous ôter hors du martyre,
Il a transmis son message :
Gabriël porta nouvelle,
A une Dame gentille & belle,
Que Marie faut appeller.

 La saluë *Ave Maria*,
Dont se trouva fort ebahie,
De se voir ainsi saluer,
L'Ange lui dit, ha! chere amie,
Ne t'ébahie Marie,
Tu recevras Emanuel.

 Gabriël comment se peut faire,
D'homme ne peut avoir affaire !
Car j'ai voüé ma virginité,
Le saint Esprit descendra,
En toi, & t'ombera,
La vertu du très-haut Seigneur.

 Elle a répondu à ces dits,
Me soit fait ainsi que tu le dis,
Sa Chambriere suis vrayement,
A cette parole conçuë,
Et dedans son ventre reçuë,
Le Fils de Dieu Tout-puissant.

 Neuf mois tout entier le porta,
Puis après elle enfanta,
Dedans Béthléem la Cité,
Joseph ne peut logis trouver,
Où il puisse hauberger,
Dont il fut au cœur marry.

 Marie d'accoucher étoit prête,
En une étable s'en vont mettre,
Où le doux Jesus fut né,

Le doux Jesus fut né,
C'est pour nous donner à connoître
Que vivions en humilité.

 L'Ange alla dire aux Pastoureaux,
Qui la nuit veilloient leurs agneaux,
Que le Messie é'oit né.

 Ils vinrent à un grand troupeau,
Pour voir le doux Enfant nouveau,
Entre l'âne & le bœuf couché.

 Jacob lui donna son manteau,
Et Alory son grand chapeau,
Roger lui donna son pain.

 Et Alyson quand je m'avise,
Si lui donna une chemise,
Et du lait boüilli un pot plein.

 Et prenant congé de Marie,
Sont allez vers la Bergerie,
Pour garder leurs brébis aux champs.

 Une Etoile claire & luisante,
Trois Rois d'Orient conduisante,
Les fit venir jusqu'au lieu.

 Si voulés sçavoir leurs noms,
A Joseph le demanderons,
Et puis après vous le dirons.
  O Noël, Noël

 L'un Balthasard se fait nommer,
Gaspard second, Melcior tiers,
Princes de grande autorité.

 En Jerusalem sont venus,
Croyant trouver le doux Jesus
A Herodes l'ont demandé.

 Lequel leur a répondu,
Que ce cas lui est inconnu,
Donc fort ébahis s'est trouvé

Les envoyant en Bethléem,
En difant enquêtez vous-en,
Et puis je l'irai adorer.
 En Bethléem font venus,
Et ont trouvé le Roi Jefus,
En un pauvre Palais logé.
 Trouverent la Vierge Marie,
Et fon doux Fils qu'elle cherit,
De fes mamelles l'allaitoit.
 Gafpard d'Or offrit une coupe,
Melchior Myrrhe, quoi qu'il coûte,
Balthazard prefenta Encens.
 A deux genoux fe profternerent,
Et humblement fi l'adorant,
Puis s'en allerent repofer
 Et puis après que leur repos fut pris,
Par traffes leur chemin ont pris,
En leur pays font retournez.
 Quand Simeon tint le doux enfant
Alors il dit, *Nunc dimittis*,
Allez en paix tout doucement.
 Car prophetifé il avoit,
Que mourir il ne devoit,
Tant qu'il eût vû le doux enfant.
 Or prions Dieu le Roi de gloire,
Que de nous il ait mémoire,
Prenant nos prieres & dits.
 Qu'après ce monde tranfitoire,
Nous joüiffions tous de fa gloire,
En fon éternel Paradis,
  O Noel, Noel,

Autre Noël : Sur le chant : *Quand ce beau Printems, je vois, j'apperçois, &c.*

Voici le jour solemnel,
 de Noël,
Qu'il faut que chacun s'aprête,
Pour en Cantiques & Chansons,
A hauts sons,
Célébrer la sainte Fête.
 Le Fils de Dieu étant né,
Destiné
Pour sauver l'humain lignage,
Trois Rois sont partis de loing,
Avec soin,
Pour lui venir faire hommage.
 Ils partirent d'Orient,
En riant,
Avec leur compagnie,
Le sont venus adorer,
Reverer,
En menant joyeuse vie.
 L'Etoile les a conduits,
Jour & nuit,
Jusqu'au pays de Judée,
Où étant tous parvenus,
Et venus,
La Ville ils ont demandée.
 L'Astre qui les conduisoit,
Et guidoit,
S'évanoüit de leurs vûës,
Dont ils furent bien troublez

Etonnez,
De l'avoir si-tôt perduë.
 Dont en pensant être au lieu,
Là où Dieu,
Devoit prendre sa naissance,
Ils se sont par tout enquis,
Et requis,
Leur en donne connoissance.
 Dites-nous mes bons Seigneurs,
Les Docteurs,
N'est-ce par en cette Ville,
Où est né des Juifs le grand Roi,
Sans arroy,
D'une Pucelle gentille.
 Long-tems qu'avons connu,
Et prévû,
Son Etoile en notre terre,
Qui nous a toûjours guidez,
Et menez,
Jusqu'en ce lieu sans enquerre.
 Herodes ayant oüi ce bruit,
Il s'enfuit,
Droit jusqu'en la Synagogue,
Des Juifs en leur demandant,
Où l'Enfant,
Etoit né selon leur Code.
 Lors les Docteurs lui ont dit,
Et prédit,
Que selon la Prophétie,
Bethléem étoit le lieu,
Où ce Dieu,
Viendroit nous rendre la
 Le Tyran oyant ceci,

Aux Rois par ruse & cautelle,
Allez, & le lieu trouverez,
Si pouvez,
Puis m'en apportez nouvelle.
 Etant revenus vers moi,
Sans émoi,
Avec vous j'irai sans feinte,
Adorer ce Roi nouveau,
Au berceau,
Sans nulle force ni contrainte.
 Mais le traître malheureux,
Envieux,
Avoit bien autre pensée,
Comme il mourra exprès,
Tôt après,
Aux enfans de la contrée.
 Les trois Rois étant partis,
Et sortis,
De Jerusalem la belle,
S'éjoüirent ensemblement,
Grandement,
Appercevant leur Etoile.
 Elle ne les laissa plus,
Au surplus,
Qu'ils ne fussent en l'etable,
En Bethléem est l'enfant,
Triomphant,
Tenoit son pauvre habitacle.
 Nonobstant ne laissant pas,
De ce pas,
De lui faire révérence,
Adorant tous d'un accord,
Sans discorde,
Comme partoit leur puissance.

Ils ont offert leur présens,
De l'Encens,
Myrrhe, Or, bonne monnoye,
Puis par l'Ange détournez,
Retournez,
S'en vont par une autre voye.

Autre Noël, Sur le chant ; *Nous nous mîmes à joüer & il nous vient mal à point.*

LEs Bourgeois de Chartres,
Et ceux de Montleheri
Menez tous grande joye,
Cette journée ici,
Que nâquit Jesus Christ,
De la Vierge Marie,
Où le bœuf & l'anon don don,
Entre lesquels coucha la, la
En une Bergerie.
 Les Anges en ont chanté,
Une belle chanson,
Aux Pasteurs & Bergers,
De cette région,
Qui gardoient leurs moutons,
Paissant par la Prairie,
Disant que le mignon don, don,
Etoit né près de-là, la, la,
Jesus le fruit de vie.
 Laisserent leur troupeaux,
Paissant parmi les champs,
Prirent leur chalumeaux,
Lui donnant des joyaux si beaux,

Vinrent dançant, chantant,
Et droit à saint Clement,
Menant joyeuse vie,
Pour visiter l'Enfant si grand,
Jesus les remercie.

   Puis ceux de saint Germain,
Tous en procession,
Partirent bien matin,
Pour trouver l'enfançon,
Puis oüirent le son,
Et la douce armonie,
Que faisoient la Pasteurs joyeux
Lesquels n'étoient pas las, là, la
De mener bonne vie.

   Les Farceurs de bruieres,
N'étoient pas endormis,
Sortirent de leurs tanieres,
Quasi tous étourdis,
Les rêveurs de Boissy,
Passerent la chaussée,
Cuidant avoir oüi le bruit,
Et aussi le débat, là, la,
D'une très-grosse armée.

   Puis eussiez vû venir,
Tous ceux de saint Yon,
Et ceux de Bretigni,
Apportant du Poisson,
Les barbeaux & gardons,
Anguilles & carpettes,
Étoient à bon marché croyez,
A cette journée-là, la, la,
Et aussi les perchettes.

   Lors ceux de saint Clement
Firent bien leur devoir,

De faire asseoirs les gens,
Qui venoient voir le Roi,
Joseph les remercie,
Et aussi fait la Mere,
Les eussiez vû danser,
et mener grand soulas, la, la,
en faisant grande chere.

  Bast de Hymner a joüé
De son beau tambourin,
Car il étoit loüé,
A ceux de saint Germain,
La grande bouteille au vin
Ne fut pas oubliée,
Ratissant du Rebec joüoit,
Car avec eux alla, la la,
Cette digne journée.

  Lors un nommé Corbon,
Faisoit un bon broüet,
A la soupe à l'oignon,
Cependant qu'on dansoit,
Lapins & Perdreaux,
Allouettes rôties,
Canards & Cormorads friands,
Giblets badaut, porte, la, la,
A Joseph & Marie.

  Avec eux étoit,
Un du pays d'Amont,
Qui du Luth raisonnoit,
De très-belles chansons,
De Chartres les mignons,
Menoient grande rusterie,
Les echevins menoient portoient
Trompettes & clairons, don, don
en belle compagnie.

Messire Jean Guyot,
Vicaire de l'église,
Apporta plein un pot,
Du vin de son logis
Messieurs les écoliers,
Toute icelle nuitée,
Sont mis à chanter danser,
Ure mi fa sol la la,
À gorge déployée.
Puis il en vint trois autres,
Lesquels n'étoient pas las,
Qui dedans une chauffe,
Firent de l'hypocras :
Et Jésus étoit-là,
Qui les regardoit faire :
Le Morveux les passa coula,
En dressant en tâta, la, la,
Joseph en voulu boire.
Se sont pris à danser,
De si bonne façon,
Puis en ont fait boire,
Au gentil Ratisson,
Lequel il trouva bon,
Comme il nous fit accroire,
Puis demandons pardon très-bon,
Si remercia, la, la,
Jésus aussi sa Mere.
Nous prions tous Marie,
Et Jésus son cher fils,
Qu'il nous donne leur gloire,
Sus en Paradis,
Après qu'auront vécu,
En ce mortel repaire,
Qu'il nous veüille garder d'aller,

Tous en enfer là bas, la, la,
En tourment & misere.

Autre Noel, Sur le chant : *O nuit, joyeuse
nuit, &c.*

O Nuit heureuse nuit des Chrétiens honorée,
Qui réjoüit le Ciel de nouvelle clarté,
Pour nous faire apparoître cette tant desirée,
Naissance du Sauveur en notre humanité.
 Les Anges sont venus durant cette nuitée,
Aux Pasteurs qui gardoient leurs brébis &
 gneaux,
Et la Nativité ont manifestée,
Chantant & paroissant comme des clairs fla-
 beaux.
 Et leurs disoient ainsi, laissez cette prairie,
Et vous en allez voir le Sauveur qui est né,
Ci après en Bethléem où Jesus & Marie,
Trouverons avec lui comme il est ordonné,
 Les Pasteurs étonnez d'oüir cette nouvelle,
Ont laissé leurs brébis aux champs pâturer
Et s'en sont allez voir cette rare merveille,
Comme l'Ange avoit dit sans beaucoup demeur
 Ils ont trouvé l'étable rompuë,
Entre l'âne & le bœuf couché bien pauvrement,
Et chacun d'eux alors ayant la tête nuë,
Le révére selon son pauvre entendement.
 Marie le voyant endurer tant de peine,
Pleuroit ne le pouvant traiter comme un Seign
Et les deux animaux poussant de leur haleine,
En l'échauffant lui ont même porté honneur,

Et puis après survint trois Rois de terre étrange,
Du côté d'Orient venus pour l'adorer,
Que tous trois pour lui rendre honneur, gloire & loüange,
Ce sont mis à genoux pour leurs dons présenter.
   L'un lui donne de l'Or & l'autre de la Myrrhe,
Et le tiers lui offrit plain un vaffe d'encens,
Chacun le reconnut pour son Roi, Maître & Sîre,
Puis s'en sont retournez ayant fait leur présens.
   Etant divinement avertis la nuitée,
De ne point retourner à Herode parler,
Leur chemin ont repris par une autre contrée,
Rendant loüange à Dieu de voir tout bien aller.

Autre Noël Sur l'air : *Va t'en voir s'il viennent*, &c.

Nannette, Toinon, Floran,
  Veulent qu'on les menent,
Et je croi Olidamant,
Suivra Lifimaine,
Va t'en voir s'ils viennent,   bis
S'il ne viennent reviens-t'en,
Nous partirons à l'inftant,
Va t'en voir s'ils viennent.   bis.

       Un Berger.
Ils viendront dans un moment,
N'en foit point en peine,
Et porteront à l'Enfant,
Deux bêtes à l'aîne,
Les voici qu'ils viennent,   bis.
Puis chacun est content,
Nous partiront à l'inftant,
Les voici qu'ils viennent.   bis.

Autre Noël, Sur le chant : *Je ne voudrois pas pour un Corset, que ce mariage ne fût fait.*

Etant le doux Jesus-Christ,
Né dedans une étable,
Ainsi qu'ils avoient prédit,
Par un divin miracle ;
Les Anges en sont réjoüis,
Les Diables en sont ébahis,
Je ne voudrois pas pour un bouquet,
Que ce mystere n'eût été fait.

   Etant ainsi perdus,
La même nuitée,
Les Anges ont descendus,
En grande assemblée,
Pour accompagner l'Enfant
Fils du grand Tout-puissant ;
Je ne voudrois pas pour un bouquet,
Que ce mystere n'eût été fait.

   Autres vont aux Pastoureaux,
Veillans ès montagnes,
Dessous leurs parcs & troupeaux,
Paissant les campagnes,
Leur disant en chants rassis,
Gloria in excelsis,
Je ne voudrois pas pour un bouquet,
Que ce mystere n'eût été fait.

   Réjoüissez-vous Pasteurs,
De cette contrée,
Et vous tenez assûrée,
Qu'en cette nuitée,
Vous est né votre Sauveur,

Noels nouveaux.

D'une Vierge par honneur,
Je ne voudrois pas pour un bouquet,
Que ce Mystere n'eût été fait.
    Les Pasteurs se sont étonnez,
Voyant la lumiere,
Luisante de tous côtez,
Devant & derriere,
Même de ce qu'on avoit dit,
Cet Ange sans contredit,
Je ne voudrois pas pour un bouquet,
Que ce Mystere n'eût été fait.
    N'ayez peur, mes bons amis,
Dit l'Ange celeste,
Car vers vous je suis transmis,
Chose manifeste,
De la part du Très-haut Dieu,
Pour vous annoncer le lieu,
Je ne voudrois pas pour un bouquet,
Que ce Mystere n'eût été fait.
    Allez tous diligemment,
Troupes pastorales,
D'icy qu'en Bethléem,
Où en une étable,
Trouverez l'enfant couché,
Sur un peu de foin seché,
Je ne voudrois pas pour un bouquet,
Que ce Mystere n'eût été fait.
    Il est là bien pauvrement,
Couché dans la creche,
Sans feu, sans bois, ni sarment,
Qui l'échauffe ou seiche,
Sinon que deux animaux,
Qui l'accompagnent en ses maux,

D

Je ne voudrois pas pour un bouquet,
Que ce Mystere n'eût été fait.

   L'Ange ayant dit ce propos,
L'Armée Angelique,
Joyeux, gaillard & dispôt,
Chantons un beau Cantique,
Annonçant paix aux humains,
Qui seroient doux & benins,
Je ne voudrois pas pour un bouquet,
Que ce Mystere n'eût été fait.

   Les Anges etant disparus,
La troupe s'assemble,
Etant les Pasteurs resolus,
De partir ensemble,
Et aller sans contredit,
Là, parce que l'Ange avoit dit,
Je ne voudrois pas pour un bouquet,
Que ce Mystere n'eût été fait.

   Prions le Roi eternel,
D'une Oraison sainte,
Qu'à ce saint jour de Noël,
Soyons hors de crainte,
De nos ennemis,
Et que soyons tous unis,
Je ne voudrois pas pour un bouquet,
Que ce Mystere n'eût été fait.

Noels nouveaux.

Autre Noel : Sur le chant : O! la folle entreprise.

CHantons je vous prie,
Noel joyeusement
Pour l'amour de Marie,
Qui a divinement,
De grace été remplie,
Pour porter dignement,
Jesus à qui l'on plie,
Le genoüil humblement.

Sur les autres choisie,
Elle fut noblement,
Et du mal garantie,
Dès son commencement,
Pour du serpent l'envie,
Briser totalement,
Et pour l'Auteur,
Concevoir purement.

Elle fut avertie,
De Dieu premierement,
L'Ange la certifie,
Disant honnêtement,
La mere du Messie,
Serez certainement,
De ce n'en doutez mie,
Croyez-le fermement.

Lors en grande courtoisie
Donnant consentement,
Du Fils de Dieu saisie,
Elle fut promptement,
Qui pour nous s'humilie,
Jusques-là mêmement,
Que pour notre folie,
Prit notre vêtement.

La neuvaine accomplie,

Ce mois entierement,
Notre Vierge Marie
Fait son accouchement,
Dedans une écurie,
Sur du foin seulement,
Sans sentir maladie,
Douleur ni detriment.

 Bergers de la prairie,
Gardant soigneusement
De nuit leur bergerie,
Oüirent clairement,
D'Ange la mélodie,
Avec l'annoncement,
D'une paix que l'on crie
Pour cet enfantement.

 Après la voix oüie,
Partent soudainement,
En bonne compagnie,
Tant que finalement,
Il trouvent Marie
Jesus ensemblement,
Que chacun remercie
Pour son avenement.

 Soyons de la partie,
Et prions saintement,
La très-douce Marie,
Q'affectueusement,
Jesus elle supplie,
Pour notre amandement,
Et après cette vie,
Pour notre sauvement. Amen.

Noels nouveaux.

Autre Noël, Sur le chant ; *A la venuë de Noël, &c.*

Voici le Redempteur qui vient,
Pour sauver les Grands & petits,
Liberateur des Gentils,
Qui Terre, Ciel & Mer soûtient.
Il nous faut tous preparer,
Pour humblement le recevoir,
Nous metre en notre devoir,
Et nos vices & mœurs reparer.
Tenons notre logis tout prêt,
Pour recevoir ce grand Seigneur
Qui prend forme de serviteur,
Pour nous delivrer sans arrêt.
Son courier est venu devant,
Pour faire accoûtrer le chemin,
Au Roi paisible & humain,
Qui vient se rendre obeïssant.
C'est saint Jean nud & découvert
Qui crie a tous dans ce desert,
Preparez la voye au Seigneur,
Qui vient pour être en Seigneur.
Convertissez-vous tous à lui,
Qui est des humains seul apui :
Autrement soyez assûrés,
Que vous mourez en vos pechez.
Si vous vous tenez endormis,
Comme vous fîtes ces jours passés
Vous serez par lui delaisés,
A la main de vos ennemis.
Faites donc penitence tous
Ne voulez être damnez,
Par le Sauveur condamnez,
Que bien-tôt verrez entre vous,

Loüange, gloire & tout honneur,
Soit à Dieu notre Créateur,
A son Fils, & au Saint Esprit ;
Qui toûjours sans fin regne & vit.

Autre Noël, Sur le chant : Où est il mon bel ami all
reviendra il encore.

OU s'en vont ces gays Bergers,
Ensemble côte à côte,
Nous allons voir Jesus-Christ,
Né dedans une grotte ;
Où est-il le petit nouveau né,
Le verrons-nous encore.

Nous allons voir Jesus-Christ,
Né dedans une grotte,
Pour venir avec nous,
Margot se décrotte,
Où est-il le petit nouveau né
Le verrons-nous encore.

Pour venir avec nous,
Margot se décrotte,
Aussi fait la belle Alix,
Qui a troussé sa cotte,
Où est-il le petit nouveau né
Le verrons-nous encore.

Aussi fait la belle Alix,
Qui a troussé sa cotte,
De peur du mauvais chemin,
Craignant qu'on ne la crotte,
Où est-il le petit nouveau né
Le verrons-nous encore.

De peur du mauvais chemin,
Craignant qu'on ne la crotte,
Jeanneton n'y veut venir,

Elle fait de la sotte:
Où est-il le petit nouveau né
Le verrons nous encore.

 Jeanneton n'y veut venir,
Elle fait de la sotte,
Disant qu'elle a mal au pied,
Et veut qu'on la porte;
Où est-il le petit nouveau né,
Le verrons-nous encore.

 Disant qu'elle a mal au pied,
Et veut qu'on la porte,
Robin en ayant pitié,
A apprêté sa hotte,
Où est-il le petit nouveau né
Le verrons-nous encore.

 Robin en ayant pitié,
A apprêté sa hotte,
Jeanneton n'y veut entrer,
Voyant bien qu'on se mocque,
Où est-il le petit nouveau né
Le verrons-nous encore.

 Jeanneton n'y veut entrer,
Voyant bien qu'on se mocque,
Aime mieux aller à pied,
Que de courir la poste,
Où est-il le petit nouveau né
Le verrons-nous encore.

 Aime mieux aller à pied,
Que de courir la poste,
Tant ont fait les bons bergers,
Qu'ils ont vû cette grotte,
Où est-il le petit nouveau né
Le verrons-nous encore.

Tant ont fait les bons bergers,
Qu'ils ont vû cette grotte
En l'étable où n'y avoit,
Ny fenêtre ni porte;
Où est-il le petit nouveau né,
Le verrons-nous encore.

En l'étable où n'y avoit,
Ny fenêtre ni porte,
Ils sont tous entrés dedans,
D'une ame très-devôte,
Où est-il le petit nouveau né,
Le verrons-nous encore.

Ils sont entrés dedans,
D'une ame très-devôte,
Là ils ont vû le Sauveur
Dessus la chenevote,
Où est-il le petit nouveau né,
Le verrons-nous encore.

Là ils ont vû le Sauveur
Dessus la chenevote,
Marie est auprès pleurant,
Joseph la reconforte :
Où est-il le petit nouveau né,
Le verrons-nous encore.

Marie est auprès pleurant,
Joseph la reconforte,
L'âne & le bœuf respirant
Châcun d'eux le réchauffe ;
Où est-il le petit nouveau né,
Le verrons-nous encore.

L'âne & le bœuf respirant
Châcun d'eux le réchauffe
Contre le vent froid & cuisant

Noëls nouveaux.

Lequel souffle de côté;
Où est-il le petit nouveau né,
Le verrons-nous encore.
 Contre le vent froid & cuisant
Lequel souffle de côté,
Les Pasteurs s'agenoüillant,
Un châcun d'eux l'adore,
Où est-il le petit nouveau né
Le verrons-nous encore.
 Les Pasteurs s'agenoüillant,
Un chacun d'eux l'adore,
Puis s'en vont riant dansant
La courante & la volte,
Où est-il le petit nouveau né
Le verrons-nous encore.
 Puis s'en vont riant dansant
La courante & la volte,
Prions le doux Jesus-Christ,
Qu'enfin il nous conforte;
Où est-il le petit nouveau né
Le verrons-nous encore.
 Prions le dous Jesus-Christ,
Qu'enfin il nous conforte,
Et notre ame au dernier jour
Dans les Cieux il transporte;
Où est-il le petit nouveau né
Le verrons-nous encore.

AUTRE NOEL.

Grace soit renduë,
A Dieu de-là-sus,
De la bien venuë,
De son Fils Jesus,
Qui nâquit de Vierge,

Sans corruption,
Pour notre décharge,
Souffrit passion,
Alleluya, alleluya,
Kyrie, Christe
Kyrie eleyson.

   Adam notre pere,
Nous mit en danger,
De la pomme chere,
Qu'il voulut manger,
Il nous mit en voye,
De damnation,
Mais Dieu nous envoye,
A salutation,
Alleluya, alleluya,
Kyrie Christe,
Kyrie eleyson.

   Dieu donne bonne vie,
A notre bon Roi,
Le garde d'envie,
Et mortel desroy,
Lui donne victoire,
De ses ennemis,
A la fin la gloire,
De son Paradis,
Alleluya, alleluya,
Kyrie, Christe,
Kyrie eleyson.

   Lui étant fidéles,
Nous conservera,
En toutes querelles,
Il appaisera,
Rendant la justice

ux petits & Grands,
uniſſant le vice,
ous rendant contens,
lleluya, alleluya,
yrie, Chriſte,
yrie eleyſon.
　Nous ferons prieres
eneralement
our Pere & pour Mere,
reres, sœurs & parens,
our toutes les ames,
ui ſont en priſon,
ue Dieu par ſa grace,
eur faſſe pardon;
lleluya, alleluya,
yrie, Chriſte,
yrie eleyſon.
　Grace auſſi faut rendre,
u Sauveur Jeſus,
ue de ſa viande,
ous a tous repus,
din, vin & fruitage,
t bon feu auſſi,
our lui rendre hommage,
rions lui merci,
Alleluya, alleluya,
yrie, Chriſte,
yrie eleyſon.
　Voiſins & voiſines,
iens venus ſoyez,
our chacun chopine,
e vous enfuyez;
ar ſuivant les traces

De nos peres vieux,
Faut boire après graces,
Pour être joyeux,
Alleluya, alleluya,
Kyrie, Christe,
Kyrie eleyson.

  Avant que sortir
De cette maison,
Vous veux avertir
Qu'avec raison,
Châcun verse à boire
Encore une fois,
Puis que l'on s'envoise
Et à Dieu soyez,
Alleluya, alleluya,
Kyrie, Christe,
Kyrie eleyson.

Noël nouveau de la Conversion de la Magdelaine, Sur le chant : Magdelon je l'aime bien, &c.

Vous qui desirez sans fin,
 Oüir chanter,
Que notre Dieu est enclin,
A écouter,
Notre priere & complainte,
Tous les jours,
Quand nous invoquons sans feinte
Son secours.

  Et comme il est toûjours prêt,
De pardonner,
Non pas d'un severe Arrêt,
Nous condamner.
Notre mal & notre peine,
Rélachant,

Oyez de la Magdelaine
Le beau chant.
 Magdelaine se levoit
Etant au jour,
Et bravement se paroît
D'un bel atour;
Quand Marthe moins curieuse,
Des habits,
La vint aborder joyeuse
Par ces dits.
 Dieu soit notre Protecteur,
Ma chere sœur,
Si vous voulez en ce tems
Pour passer tems,
Voir quelque chose de rare,
Et de beau,
Oyez ce qui se prepare
De nouveau.
 Un Prophéte est arrivé
Bien approuvé,
Dit Jesus de Nazareth
Homme discret,
Qui devoit faire à l'instant
(Ce dit on)
D'une divine éloquence,
Le sermon.
 C'est l'homme le plus parfait,
Et en effet,
Le plus beau, le plus sçavant,
Le mieux disant,
Que jamais vîtes en face
Pour certain,
Son port avec telle grace,

humain.

   Magdelon oyant cecy,
Prend ses habits,
De beau velours cramoisi,
Les plus jolis,
De sa blonde chevelure,
Tout en rond,
Faisant mille tortillure,
Sur son front.

   Ainsi parée d'habits,
Beaux & jolis,
S'en va notre Magdelon,
A ce sermon,
Qui ne faut à prendre place
Pris sa sœur,
Droit vis-à-vis de la face,
Du Sauveur.

   Aussi-tôt qu'elle entendit
Cet Orateur,
Boüillonner elle sentit,
Le sang au cœur,
Puis une couleur vermeil,
A loisir,
Cette blanche & belle,
Vint saisir,

   Bref sa voix tant excita
De saints desirs,
Que dès l'heure elle quitta,
Tous ses habits,
Voüant de saintement vivre
Desormais,
Et cette doctrine ensuivre
Pour jamais.

Quand fut fini le Sermon,
On se départ,
Jesus s'en va chez Simon,
Et autre part,
Magdelaine fort honteuſe,
Sa piaffe ſomptueuſe,
Va laiſſant.

   Elle prend donc tout ſubit
Un ſimple habit,
Les cheveux ayant éparts
De toutes parts
Et en main une boëte
D'un onguent,
Va de loin le ſaint Prophéte,
Pourſuivant.

   Arrivant chez le Lépreux,
Où il dînoit,
De ſon onguent précieux,
Qu'elle tenoit,
Oignit le chef & la tête,
Du Sauveur,
Parfumant toute ſa tête,
De l'odeur.

   Puis s'abaiſant à ſes pieds
Les eſſuya,
De ſes cheveux déliés
Qu'elle déploya,
Les lavant de l'abondance
De ſes pleurs,
Jettoit cris de repentance,
Et clameurs.

   Quand Simeon eut ceci vû
S'en étonnoit,

Noels nouveaux.

    ayant apperçû
    eprenoit,
    dit à Magdelaine,
Tes commis
Et tes pechez sans nulle peine
Sont remis.
    Or prions le bon Sauveur,
De bouche & de cœur,
Qu'ainsi qu'il a fait pardon
A Magdelon,
Ainsi que chantions la gloire
De ces faits,
I ôte de sa mémoire,
Nos forfaits.   Ainsi soit-il.

FIN.

APPROBATION.

J'AY lû par ordre de Monseigneur le Garde des Sçeaux, La grande Bible des Noëls, tant vieux que nouveaux, avec les Cantiques faits en l'honneur de plusieurs Saints & Saintes. Le débit que les Libraires ont de ces Ouvrages de pieté fait voir que le Public en est content, & qu'on en peut permettre l'impression. Fait à Paris ce 21. Avril. 1725.

L'ABBE' RICHARD, Censeur Royal.

Noël Ancien des deux Bergers parlant de l'humanité du Fils de Dieu, l'une qui est humble, & l'autre mondaine en dialogue. Sur le chant : Je me leve par un matin devant le jour.

L'HUMBLE.

Quoi ma voisine es tu fâchée,
Dit moi pourquoi,
Veux-tu venir voir l'accouchée,
Avec moi,
C'est une Dame fort discrette,
Ce m'a-t-on dit,
Qui nous a produit le Prophete,
Souvent prédit.

La Mondaine.

Je le veux, allons ma commere
C'est mon desir,
Nous verrons l'Enfant & la Mere,
Tout à loisir,
Aurons nous pas de la dragée
Et du gâteau,
La salle est-elle bien rangée,
Y fait-il beau.

L'Humble.

Ha ! ma Bergere tu te trompe
Fort lourdement,
Elle ne demande pas des pompes
Ni l'ornement,
Dedans une chetive étable,
Se veut ranger,
Où n'y avoit buffet ni table
Pour y manger,

E

La Mondaine.

Au moins est-elle bien coëffée,
Du fins raiseaux
Et la couche est-elle étuffée,
De fins rideaux
Son ciel n'est-il pas de brodure,
Tout campané
N'a-il pas aussi pour brodure :
L'Or bazané.

L'Humble.

Elle a pour sa belle couche
Dedans ce lieu,
Le tronçon d'une vieille souche
Tout au milieu,
Le mur lui sert d'une custode,
Et pour son ciel,
Il est fait à la pauvre mode
De chaume vieille.

La Mondaine.

Encore faut-il que l'accouchée,
Ait un berceau,
Pour bercer quand elle est couchée,
L'Enfant nouveau,
N'a-t-elle pas garde & servant
Pour la servir
N'est elle pas assez puissante
D'y survenir.

L'Humble.

L'Enfant a pour berceau la créche
Pour sommeller,
Elle a pour toute compagnie
Son cher Baron,
Elle a bœuf pour la magnie

Noëls nouveaux.

Et un Asnon.

La Mondaine.

Tu me dégoûte ma voisine,
D'aller plus loing,
Pour une femme en gesine
Dessus du foin
Pour moi qui ne suis que Bergere
Suis beaucoup mieux
Que non pas cette ménagere
Sous ce toit vieux.

L'Humble.

Ne parle pas ainsi commere,
Mais par honneur,
Crois moi que c'est la chaste Mere
Du vrai Sauveur,
Qui veut ainsi vivre pauvrement,
Nous sauvant tous,
Montrant combien qu'il soit le Maître
Est humble & doux.

La Mondaine.

Exemptez nous, très-chere Dame
De tout orgueil,
Quand de corps partira nôtre ame,
Faites lui accueil,
La presentant grande Princesse
A ton cher fils,
Pour participer la liesse de Paradis.
      Noël, Noël, Noël.

Noel de l'Ange quand il fut avertir les Pasteurs de la naissance du Redempteur, en Dialogue, Sur le chant: Si j'étois Prince je voudrois avoir mille Provinces pour vous adorer.

L'ANGE.

Vous tous Bergers qui gardez vos brebis
Grande nouvelle je vous avertis,
Que le Seigneur le Roi des Rois suprême
Dans une pauvre Etable vient de naître.

Les Pasteurs.

Qui êtes-vous nous en sommes ébahis ?
Vôtre clarté nous a tous ébloüis,
Qui est ce Roi nouveau né dans nos terres ?
Et de le voir nous en serions très-aises.

L'Ange.

Je suis un Ange exprès venus ici :
Vrai Messager du Dieu de Paradis ;
Pour nous annoncer une grande joye,
Le Dieu est né ; tant prédit par les Prophétes.

Les Pasteurs.

Anges très-saint & Messager de Dieu,
De la Naissance dites-nous le lieu,
Pour l'aller voir en toutes diligence
Nos esprits sont épris de grande réjoüissance.

L'Ange.

Dans Bethléem vous dis la verité,
C'est là le lieu de tout tems ordonné
Comme en a dit le Prophete Isaïe,
Dans Bethléem doit naître le Messie.

Les Pasteurs

Anges de Dieu, de graces dites-nous,
Quelle équipage porterons-nous,
Que faut-il donc pour lui faire hommage:

Car nous n'avons que très-peu d'heritage.
L'Ange.
Si vous voulez sçavoir ce que Dieu
De vous demande dedans ce bas lieu
Il ne veut point avoir d'autre heritage
Que vôtre cœur entier sans nulle partage.
Les Pasteurs.
Mais pouvons-nous avec liberté,
Avoir accès à cette Majesté,
Sans crainte qu'aucun ne nous fasse outrance,
Dites-le nous, nous irons sans doutance?
L'Ange.
Mes chers amis allez ne craignez point,
C'est lui qui de tout le monde a soin,
Et qui se donne à vous d'obéïssance,
Car l'Eternel en a fait l'ordonnance.
Les Pasteurs.
Mais de quels propos & de quels complimens,
Parlerons-nous au Sauveur Tout puissant,
Car nous n'avons point en nous d'éloquence
Et nous n'avons étudiés aux sciences.
L'Ange.
Ce Dieu très-doux & rempli de bonté,
Rien ne demande que l'humilité,
Ne cherchant pas la superbe doctrine,
De celui qui ne la tient que pour son estime.
Les Pasteurs.
Ange divin, ce sage & puissant Roi,
Ceux de sa Cour ne seront en émoi,
De voir des gens avec des houlettes,
Qui viendront voir ce Roi dans sa couchette.
L'Ange.
Le tout-puissant n'est point comme vos Rois

Qui vivent en pompes & nobles arrois :
N'a avec lui plus grande compagnie,
Que le juste Joseph & la douce Marie,
Les Pasteurs
Ha ! quoi faut-il que le Dieu Tout-puissant,
Vienne ici-bas, & soit comme un enfant
Pour ce vêtir de nôtre chair humaine,
Puis comme nous sujet au mêmes peines.
L'Ange.
Mes bons amis point ne vous étonnez,
La cause est des hommes les pechez,
Car Dieu voyant les vivans dans l'abîme,
Aller bien-tôt s'il ne les redime.
Les Pasteurs.
Ange très-digne, qui est ce beau chant,
Quelle harmonie, qui s'en va disant :
Gloire la haut, paix-là bas en la terre,
Air musical, qui nous ému de joye.
L'Ange.
Ce sont les Anges qui vont publians,
Les grandes joyes, les contentemens
De voir bien-tôt que la nature humaine,
Sera en bref delivrée de grandes peines.
Les Pasteurs
Ange divin, nous voilà trétous prêts,
Sans plus tarder ni avoit nul arrêt,
Et tous voüant envers ce Roi aimable,
Qui vient pour tous nous ôter de servage.
Au jour de Noël, prions tous humblement
Le Redempteur, le Sauveur tout-puissant,
Que nous puissions par son humble naissance
Aller au Ciel par sa grande clemence.
Amen, Noel, Noel, Noel.

Noels nouveaux.

Noels nouveaux, Sur l'air : *Il n'est rien de si tendre que je le suis pour vous*, &c.

IL n'est rien de plus tendre,
Que l'amour du Sauveur,
Et c'est un grand malheur,
A qui s'en veut deffendre,
Pour mettre ailleurs son cœur,
Il n'est rien de plus tendre ;
Que l'amour du Sauveur.

 Rien n'est plus detestable,
Que la prophane amour,
Quand on lui fait la cour,
L'on devient miserable,
Et puis l'on dit un jour,
Rien n'est plus detestable,
Que la prophane amour.

 Si c'est faire une injure,
A ce doux Redempteur,
Au lieu du Créateur,
D'aimer la créature,
Quittons-là de bon cœur,
Si c'est faire une injure
A ce doux Redempteur.

 Pour moi Sauveur suprême
Je vous aime sur tout,
Et vous prie à genoux,
D'une faveur extrême,
Me l'accorderez-vous ;
Pour moi Sauveur suprême;
Je vous aime sur tous.

 Donnez moi vôtre grace,
Dont je suis amoureux,
Afin que dans les Cieux,

Je merite une place,
Parmi les bien-heureux
Donnez-moi vôtre grace
Dont je suis amoureux.
Noel nouveau, Sur l'air : *Quitte ta houlette Bergere,*
  disoit Nannette, quitte ta houlette,

Plusieurs du Village,
Ont vû ce divin gage,
Plusieurs du Village,
Ont vû ce nouveau né,
Tout adorable,
Et miserable,
Dans une Etable ;
Abandonné,
Comme un mortel infortuné.
  Il est dans la crêche,
Sur la paille fraîche,
Il est dans la crêche,
Sans lit, sans bois, sans feu,
Une Pucelle charmante & belle,
Tend la mamelle,
Dans ce saint lieu,
A ce bel Enfant Homme & Dieu.
  Portons lui des langes,
Et quelques fins drapeaux,
Pour faire ensuite,
Nôtre visite,
De nos hameaux,
Les chiens aurons soin des troupeaux.

FIN.

oel nouveau de l'adoration des trois Rois, Sur l'air;
de nôtre cabale, chaffons le foucy. &c.

Rois illuftres Mages,
Dont l'augufte frond,
ait connoître ce qu'ils font,
endant leurs hommages
u Roi fans fecond.
Faut-il d'autres marques,
e vôtre grandeur,
vos pieds divin Sauveur,
oilà trois Monarques,
ui vous font honneur.
Ils ont, ces trois Mages,
n fçavoir profond,
ais vôtre grandeur confond
'efprit des plus fages,
out fçavant qu'ils font.
Ils pouvoient apprendre
ôtre dignité
t vôtre divinité,
ans pouvoir comprendre,
on immenfité.
Tous trois facrifient,
vos faintes loix,
t tous comme Rois des Rois
ls vous glorifient,
une même voix.

FIN.

Autre Noels : Sur le chant : *Je me suis levé par un matinet, & du Muguet encore.*

Je me suis levé par un matinet,
Que l'Aube prenoit son blanc mantelet,
Chantons Nolet, nolet, nolet,
Chantons Nolet encore.

Que l'Aube prenoit son blanc mantelet
J'ai pris ma jacquette & mon haut bonnet
Chantons nolet, nolet, nolet,
Chantons nolet encore.

J'ai pris ma Jacquette & mon haut bonnet
Et mon court manteau de gris violet,
Chantons nolet, nolet, nolet,
Chantons nolet encore.

Et mon court manteau de gris violet,
Je m'en suis allé chercher collinet,
Chantons nolet, nolet, nolet,
Chantons nolet encore.

Je m'en suis allé chercher colinet,
Qui se promenoit dans son jardinet,
Chantons nolet, nolet, nolet,
Chantons nolet encore.

Qui se promenoit dans son jardinet,
Que faites-vous-là gentil garçonnet,
Chantons nolet, nolet, nolet,
Chantons nolet encore.

Que faites-vous là gentil garçonnet,
J'écoute, dit-il, le Rossignolet,
Chantons nolet, nolet, nolet,
Chantons nolet encore.

J'écoute, dit-il, le Rossignolet,
Jamais je n'ai oüi chant si doucelet,

Noëls nouveaux.

Chantons nolet, nolet, nolet,
Chantons nolet encore.
Jamais je n'ai oui chant si doucelet,
Ce n'est Rossignol ni autre oiselet,
Chantons nolet, nolet, nolet,
Chantons nolet encore.

Ce n'est Rossignol ni autre oiselet,
Mais du saint Empire un saint Angelet,
Chantons nolet, nolet, nolet,
Chantons nolet encore.

Mais du saint Empire un saint Angelet,
Qui dit en son chant un cas nouvelet,
Chantons nolet, nolet, nolet,
Chantons nolet encore.

Qui dit en son chant un cas nouvelet,
C'est qu'en Bethléem est né le nolet,
Chantons nolet, nolet, nolet,
Chantons nolet encore.

C'est qu'en Bethléem est né le nolet,
Et que nous allions voir l'Enfantelet
Chantons nolet, nolet, nolet,
Chantons nolet encore.

Et que nous allions voir l'Enfantelet,
J'ai pris mon tambour & mon flageolet,
Chantons nolet, nolet, nolet,
Chantons nolet encore.

J'ai pris mon tambour & mon flageolet,
Colin sa viole & son archelet,
Chantons nolet, nolet, nolet,
Chantons nolet encore.

Colin sa viole & son archelet,
Les autres Bergers vinrent au balet,
Chantons nolet, nolet, nolet, &c.

Les autres Bergers vinrent au balet,
Dieu veüille sçavoir comme tout alloit
Chantons nolet, nolet, nolet,
Chantons nolet encore.

Dieu veüille sçavoir comme tout alloit
Le balet fini partîmes d'illec,
Chantons nolet, nolet, nolet,
Chantons nolet encore.

Le balet fini partîmes d'illec
Et allâmes voir le petit doüillet,
Chantons nolet, nolet, nolet,
Chantons nolet encore.

Et allâmes voir le petit doüillet,
Que sa Mere couche en un drapelet,
Chantons nolet, &c.

Que sa Mere couche en un drapelet
Chacun presenta son don joliet,
Chantons nolet, &c.

Chacun presenta son don joliet,
L'un de la farine & l'aute du laict,
Chantons nolet, &c.

L'un de la farine & l'autre du laict,
Puis recommençant un autre couplet,
Chantons nolet, &c.

Puis recommençant un autre couplet,
Nous prenons congé du saint Angelet,
Chantons nolet, &c.

Nous prenons congé du saint Angelet,
Chacun s'en retourne à son troupelet :
Chantons nolet, nolet, nolet,
Chantons nolet encore.

FIN.

CONTEMPLATION SUR LA PASSION de nôtre Seigneur Jesus-Christ, composé sur *O vos omnes qui transitis per viam.* Et sur les Révelations de sainte Brigite, & autres, en maniere de Dialogue, par personnages, Sur le chant : *Or nous dites Marie.*

Le Créateur commence.

Vous qui passez la voye,
Parmi ce monde ici,
Que chacun de vous voye,
Ce que j'endure aujourd'hui,
S'il est douleur pareille,
Qu'il nous convient porter,
Pour nous que chacun veille;
Bien se considerer.

La créature.

O Créateur unique,
Veuille nous raconter,
La douleur tiranique,
Qu'il faut considerer.

Le Créateur.

O pauvre créature
En contemplation,
Considere l'injure,
Qu'eus en ma Passion.

La créature.

O Créateur du monde,
Quand des Juifs pris tu fus,
Y avoit-il grand monde,
Quand à toi sont venus.

Le Créateur.

Bien quarante hommes d'armes
Avoit, & trente Archers,
Sans les Soldats en armes
Et autres Officiers.

La créature.

O Jesus Roi de gloire,
Répons à ce propos,
N'y avoit-il pas encore,
Qui portoient des falots.

Le Créateur.

Cinquante aux lanternes
Et quarante aux flambeaux
Pour conduire les armes
Avoit quatre étandards.

La créature.

Dis-moi je te supplie
Qui étoit le méchant,
Menant telle compagnie
Et qui étoit devant.

Le Créateur.

Judas rempli de vice,
Pour aux Juifs me livrer
Par sa fause avarice
Devant me vint baiser.

La créature.

O Créateur très-digne,
Quand au jardin fut pris
A l'heure de Matines
Qu'ont fait les Juifs malins.

Le Créateur.

Trente coups par la bouche,
Des beuffes cent & deux,

Soixante fois ont touché,
Et me crachant aux yeux.
   La créature.
O Créateur & Pere,
Las ! t'ont-ils point lié,
Te faisant vitupere,
Par la face bandé.
   Le Créateur.
J'y eu six vingt collées,
Rudement sur mon col,
La face & mains bandées,
Joüant au Papifol.
   La créature.
O Créateur & Prince,
Prince sur toutes gens,
Les Juifs après la prise
Touchoient-ils rudement.
   Le Créateur.
Ils m'ont mené telle guerre
Et rudement frappé
Que six fois jusqu'à terre
M'ont faussement jetté.
   La créature.
O Créateur & Maître,
Or me dis de rechef,
Sont-ils pas venus mettre
La couronne sur ton chef.
   Le Créateur.
La couronne piquante
Du jonc marin piquant
Jusqu'au cerveau faisant
Soixante & douze playes.

La créature.

O Jesus débonnaire,
Quand la Croix tu porteras
Jusqu'au mont du Calvaire
Tombas-tu point en bas.

Le Créateur.

Cinq fois je cheus à terre,
A la cinquiéme fois,
Je tombai en grande serre
Sous ma pesante Croix.

La créature.

O Jesus Roi de gloire,
Lors qu'au mont tu allas,
Eus-tu des coups encore,
Eus-tu beaucoup de pas.

Le Créateur.

Cent coups reçus en terre,
Tant en haut comme en bas
Me faisant passer outre,
Je fis mille trois cens pas.

La créature.

O Créateur & Pere,
Quand à la Croix fut mis,
Et cloüé sur la terre,
Des clous par les pertuis.

Le Créateur.

Trente trois coups à terre,
Sur les cloux touché ont,
Soixante & douze encore,
Quand fut levé à mont.

La créature.

O Créateur du monde,
Dites moi à cette fois,

Noels nouveaux.

La douleur la plus grande,
Que tu eut en la Croix.

Le Créateur.

En mon dos une playe,
Profonde de trois doigts,
Sur lequel je portois,
Ma très-pefante Croix.

La créature.

O Créateur unique,
Quand tu fus étendu,
En la Croix magnifique,
Fut ton côté fendu.

Le Créateur.

Le grand coup de la lance,
Mon côté s'y ouvrit,
Donc en grande abondance
Et puis l'eau en sortit.

La créature.

O Créateur & homme,
Raconte-moi alors ;
Combien de playes en somme
Reçûs-tu sur ton corps ?

Le Créateur.

J'en ay reçû six mille,
Six cens soixante & six,
Je te prie soit habile,
Considere tel prix.

La créature.

O Créateur du monde,
Raconte tout comment,
Le nombre pure & conte
Des goutes de ton sang,

Noëls nouveaux.
Le Créateur.

Le nombre de cent mille
Quarante six ainsi,
Qu'un chacun de nous veüllle,
Les compter aujourd'hui.

La créature.

O Créateur & Maître,
Dis-moi à cette fois,
De quel bois pouvoit être,
Le fus de la vrai Croix.

Le Créateur.

Le pied étoit de Cedre
Et le long de Cypres,
Le travers est de Palme,
Le titre d'Olivier.

La créature fini, & paracheve ce qui s'enfuit.

Judas par avarice,
Et par envie les Juifs,
Ont fait l'homme sans vice,
Une fois l'homme crucifix.

Plusieurs encore pire
Par peché mangeant,
Bien souvent nôtre Sire
Vont le crucifiant.

Qui est la créature,
Qui n'a le cœur dolent,
D'oüir telle injure,
A l'homme innocent.

Où est l'œil qui ne pleure,
Et le cœur qui ne fend
Il est né à malheur
Qui n'est triste & dolent.

O Passion amere,

O très profonde playe,
Effusion entiere,
Du sang, du Roi des Rois. Ainsi soit-il.

*Autre Noël : Sur le chant : Nous nous mîmes
joüer ; & il nous vint mal à point.*

LEs Bourgeois de Châtres,
 Et ceux de Mont le-heri,
Menez tous grande joye,
Cette journée ici,
Que nâquit Jesus-Christ,
De la Vierge Marie,
Où le bœuf & l'ânon don don,
Entre lesquels coucha la, la,
En une Bergerie.
 Les Anges ont chanté,
Une belle chanson,
Aux Pasteurs & Bergers,
De cette Region,
Qui gardoient leurs moutons
Paissant les bergeries,
Disant que le mignon don, don,
Etoit né près de-là, la, la,
Jesus le fruit de vie.
 Laisserent leurs troupeaux,
Paissant parmi les champs,
Prirent les chalumeaux,
Vinrent dançant chantant,
Et droit à saint Clement,
Menant joyeuse vie,
Pour visiter l'Enfant si grand,
Lui donnant des joyaux si beaux;

Jesus les remercie.

 Puis ceux de saint Germain,
Tous en Procession,
Partirent bien matin,
Pour trouver l'Enfançon,
Puis oüirent le son,
Et la douce harmonie,
Que faisoient les Pasteurs joyeux,
Lesquels n'étoient pas las, la, la,
De mener bonne vie.

 Les Farceurs de bruieres,
N'étoient pas endormis,
Sortirent de leurs tannieres,
Quasi tous étourdis,
Les rêveurs de Boissy,
Passerent la chaussée,
Cuidant avoir oüi le bruit
Et aussi les débats, la, la,
D'une très-grosse armée.

 Puis eussiez veu venir,
Tous ceux de saint Yon,
Et ceux de Bretigni,
Apportant du poisson,
Les barbeaux & gardons,
Anguilles & carpettes,
Etoient à bon marché croyez,
A cette journée là, la la,
Et aussi les perchettes.

 Lors ceux de saint Clement,
Firent bien leur devoir
De faire asseoir les gens,
Qui venoient voir le Roi
Joseph les remercie,
Et aussi fait la mere,

Noels nouveaux.

Les eussiez vû danser, chanter,
Et mener grand soulas, la, la,
En faisant tous grande chere.

   Bas des Hymnes à joüé,
De son beau tabourin,
Car il étoit loüé,
A ceux de saint Germain,
La grande bouteille au vin,
Ne fut pas oubliée,
Ratissant du rebec joüoit,
Car avec eux alla, la, la,
Cette digne journée.

   Lors un nommé Corbon,
Faisoit un bon broüet,
A la soupe à l'oignon,
Cependant qu'on dançoit,
Lapins & perdreaux,
Alloüettes rôties,
Canards & cormorans frians,
Gilet barbaut porta, la, la,
A Joseph & Marie.

   Avec eux étoit,
Un du païs d'Amont,
Qui du Lut raisonnoit :
De très-belles chansons,
De Chartres les mignons,
Menoient grande rusterie,
Les Echevins menoient portoient,
Trompettes & clairons, don, don,
En belle compagnie.

   Messire Jean Guyot,
Le Vicaire de l'Eglise,
Apporta plein un pot,

Du vin de son logis,
Messieurs les Ecoliers,
Tout icelle nuitée
Se sont pris à chanter, danser,
Ut, re, mi, fa, sol, la, la, la,
A gorge déployée.

 Puis il en vint trois autres
Lesquels n'étoient pas las,
Qui dedans une chausse,
Firent de l'hypocras,
Et Jesus étoit-là
Qui les regardoit faire,
Le morveux les passa coula
Et dressant en tâta, la, la,
Joseph en voulut boire.

 Se sont pris à danser,
De si bonne façon,
Et puis en ont fait boire,
Au gentil Ratisson,
Lequel il trouva bon,
Comme il nous fit accroire,
Puis demanda pardon très-bon
Et si remercia, la la,
Jesus aussi sa Mere.

 Nous prions tous Marie,
Et Jesus son cher Fils,
Qu'il nous donne leur gloire,
Là sus en Paradis,
Après qu'aurons vécu,
En ce mortel repaire,
Qu'il nous vueille garder d'aller
Tous en enfer là-bas, la, la,
En tourment & misere.

AUTRE NOEL.

Noël, Noël, Noël cette journée,
Devons chanter pour la Vierge honorée,
C'est ma maîtresse,
Dequoi je suis amoureux,
Le jour que je vois ma mie,
Je ne puis être joyeux,
Car de vertu illuminée,
Et de bonté Marie est appellée,
Noël, Noël, Noël cette journée,
Devons chanter pour la Vierge honorée.

Le Fils du Roi de Paradis,
De l'amour étant épris,
Lui envoya un Messager,
Bien courtois & bien appris,
Qui lui a dit Vierge très honorée
Du Fils de Dieu son amour a donnée.
Noël, Noël, Noël, &c.

Pour apporter la nouvelle,
Le Messager descendit,
Trouva la Vierge pucelle,
Qui humblement lui a dit,
Dieu soit en toi ; ô Vierge bien heurée,
Noël, Noël, Noël, &c.

La Vierge point ne fut fiere ;
Lui répondit bien humblement,
Moi petite chambriere,
Suis à son commandement,
C'est mon soulas, mon desir, ma pensée,
Autre qu'à lui mon amour n'est donné.

Noël, Noël, Noël, &c.
Oncques en jour de ma vie,
A moi n'attoucha nul lui,
Sans y penser vilenie,
Je suis enceinte de lui,
Pucelle suis & Vierge renommée,
Mais non pourtant ma créature est levée.
Noël, Noël, Noël, &c.
Au bout de neuf mois la Vierge,
Sans douleur elle enfanta,
L'Ange qui point ne sommeille,
La nouvelle apporta,
Au Pastoureaux de la contrée,
Qui sont venus voir la Vierge honorée.
Noël, Noël, Noël, &c.
Nous vous prions noble Dame,
Votre cher Fils supplier,
Qu'il nous garde de tout blâme,
Et fasse multiplier,
Vertu en nous, & toute cette année,
Garde de mal en paix bien ordonnée,
Noël, Noël, Noël cette journée,
Devons chanter pour la Vierge honorée.

AUTRE NOEL.

Cette digne accouchée,
Qui de Dieu fit porter,
Neuf mois entierement,
Souvent,
Doit être bien prisée;
De bouche & de pensée,
De tous hommes vivans,

En penfant à la joye,
Que Gabriël lui fit,
Quand en parole vrai,
La falüant lui dit,
Ave, Vierge anoblie,
De Dieu fera remplie,
Ce propos je te dis,
Par lui,
Soit ainfi dit Marie,
Je fuis toute ma vie,
Servante d'icelui.

   Mont-fut fage en école,
Quant ainfi répondit,
En icelle parole,
Le Fils de Dieu en elle vient,
De cela fut certaine,
Sa coufine germaine,
Sainte Elizabeth,
Qui belle,
Lui dit entendez Sainte,
Certes vous êtes enceinte,
Du Roi celeftiel.

   En tes flancs eft enclofe,
La fainte Déïté :
Par qui fera enclofe,
D'Enfer la fermeté,
Pas ne demeura mie,
Que la Vierge Marie,
Ne le fentit mouvoir,
Pour voir,
Ha ! Noël ne dort mie,
Dieu délivrez Marie,
Sans nul mal concevoir.

La premiere nouvelle,
En vint aux Pastoureaux,
Qui dessus l'herbe belle,
Gardoient leurs agneaux,
En ce tems tels étoient
Qu'en nul mal ne pensoient
N'en vices, n'en pechez,
Mortels,
Es Cieux les mains tendirent
Comme ceux qui desirent,
La venuë du Messie.

L'Ange leur alla dire,
Que l'Enfant étoit né,
Dont saint Jean à vrai dire,
Avoit ja surmonté,
Les Anges en chanterent,
Les Pasteurs loüerent
Dieu de tout leur pouvoir,
Pour vrai,
Trois Soleils se leverent
Qui aux trois Rois donnerent
Courage de mouvoir.

L'un partit d'Arabie,
Et l'autre de Damas,
De terre honnorable,
Et le tiers de Sabas,
Par Herodes passerent,
Mais pas n'y retournerent,
L'Ange leur defendit,
Aussi,
En Bethléem allerent,
Où le Fils de Dieu trouverent
Qui sans peché nâquit,

– *Noels nouveaux.*

Gaspard quoi qu'on en dise,
Offrir premierement,
A Dieu Fils de Marie,
Myrrhe devotement,
Melchior ne dort mie,
Incens qui signifie,
Qui bien y penseroit,
Du fait ;
Pureté, nette vie,
Tel don, je vous assie,
A Dieu appartenoient.
 Balthazard par noblesse
Offrir Or qui répand,
A genoux sans paresse,
A Dieu devotement,
Puis l'Etoile fit luire,
Pour les trois Rois conduire
Quand ils furent partis,
Depuis,
Herodes en eût telle ire,
Qu'il en fit bien détruire,
Maintes Innocens petits.
 Mais il ne peut mal faire,
A ce grand Roi des Rois,
Il fut tant débonnaire,
Mais en pauvre drapelet,
La Vierge renommée,
Quand elle fut relevée,
De son digne Enfançon,
Adonc,
S'en est au Temple allée,
Presenter sa portée,
Es bras de Simeon.

Sainte Eglise honorée,
Et fait grande mention,
Et sa digne portée,
Pource donc requerons,
Cette Vierge honorée,
Qui est de tous reclamée,
Quand nous trépasserons,
Allons,
Là sus pour demeurée,
Avec la Vierge bien-heurée,
Et son digne enfançon.

Autre Noels: Sur le chant
Dureau la durée.

Nous sommes en voye,
Tous qui sommes ici,
D'avoir bien-tôt joye,
Dureau la durée,
D'avoir bien-tôt joye,
Du doux Jesus-Christ.
 Vierge de noblesse,
Qui êtes en Paradis,
Nous venons requerre,
Dureau la durée,
Nous venons requerre,
Que nous ayons mercy.
 En ta chair humaine,
Se mit Jesus-Christ,
Te trouvant tant humble,
Dureau la durée,
Te trouvant tant humble,
Que l'Ange te dit.
 Tu concevras Marie,

Noels nouveaux.

Au doux Jesus-Christ,
Puis la chambriere,
Dureau la durée,
Puis la chambriere,
Passe à son plaisir.

Où Dieu voulut naître,
En pauvre logis,
Auprès de la Crêche,
Dureau la durée,
Auprès de la Crêche,
La Vierge se mit.

L'Ange de Hautesse,
Aux Pasteurs petits,
A dit par noblesse,
Dureau la durée,
A dit par noblesse,
Qu'est né Jesus-Christ.

Tantôt celui-même,
Aux Rois fut transmis,
Leur a dit en Prose,
Dureau la durée,
Leur a dit en Prose,
Qu'est né Jesus-Christ.

Les trois Rois se mirent,
Et état joli,
Pour faire grande joye,
Dureau la durée,
Pour faire grande joye,
Au doux Jesus-Christ.

Devant eux l'Etoile,
Grand clarté rendit,
Pour montrer la joye,
Dureau la durée,

Pour montrer voye,
Où est né Jesus-Christ.
   Or, Encens & Myrrhe
Lui ont presenté,
En lui disant, Sire,
Dureau la durée,
En lui disant Sire,
Te donnons ceci.
   Nous te prions Pere,
Qui pour nous souffrir,
Nous donner la joye,
Dureau la duree,
Nous donner la joye,
De ton Paradis. Ainsi soit-il.

Autre Noel, Sur le chant: La patience je prends par amour, &c.

C'Est la Reine du Ciel,
  Marie la toute belle,
Sans amer ni sans fiel,
Jamais n'en fut telle,
Elle est tant belle ;
Tant parfaite à mon gré, *bis.*
Que d'un vouloir fidele,
Mon cœur lui ait voüé.
   Un jour de mon vivant,
D'autre n'aurai envie,
Mais son loyal servant,
Serai toute ma vie ;
Vierge Marie,
Mere du doux Jesus   *bis.*
Soyez-moi vraye amie,

N'en faites point refus.
Malheureux envie,
Rempli d'outre cuidance,
Où aviez-vous les yeux;
Où est votre espérance;
N'êtes-vous pas,   bis.
Malheureux & maudits,
Pas n'avez de fiance;
D'aller en Paradis.
Traîtres de verité,
Passionné d'envie,
Elle a tant merité,
Que malgré ta furie,
Seras servie,   bis.
Par toute Chrétienté
Et toi par ta folie,
A jamais condamné.
Misérable ressort;
De Belzebut nommé,
Le tems s'approche fort,
Que sera ruiné,
Et abîmé,   bis.
Par tes pechez maudits,
Pendant la renommée,
Que tu as eu jadis.
O méchans pleins d'erreurs,
Regardez la livrée,
Voyez du doux Sauveur,
La chair tant déchirée,
En patience,   bis.
A enduré pour nous
Vous faites pénitence,
Il nous pardonne à tous.

Vivons donc désormais,
En très-bons Catholiques,
Ne nous fions jamais,
A ces choses iniques,
Qui par devant   bis.
Nous montrent beau semblant
Mais quand sont en arriere,
De nous s'en vont mocquant.
    Pour cela ne cessons,
(De chere non marie,)
Chanter gaye chansons,
A l'honneur de Marie,
Qui a porté,   bis.
Le salut Eternel ;
Donnent à tous la vie,
A ce jour de Noël.

    Autre Noël, , Sur le chant: Moi je
        vous ai servi.

EN Bethléem, Ville de renom,
Cité de Jesus notre Sire,
Fut par la Vierge de ce nom,
Accomplie la vraye Prophetie,
Du noble Prophéte Elie,
Devant le tems prophetisé,
Parquoi chantons je vous suplie,
Chantons à haute voix Noël.
    Sur terre est venu Gabriël,
En chantant d'une voix serie,
Disant voici l'Emanuël,
Qui vient descendre en toi Marie,
Oyant cette parole digne,
Lui répondit courtoisement,
Je suis ta chambriere indigne,

Noëls nouveaux.

Chantons Noël joyeusement.
A conçû la Vierge Mere & pure,
Le Fils de Dieu en Déïté,
Vierge est demeurée sans fracture,
Le saint Esprit lui procure
Ainsi faut croire fermement
De cette geniture,
Chantons Noël joyeusement.

O Pere Adam réjoüis-toi,
L'ennemi ne t'est plus contraire,
Car aujourd'hui est né le Roi,
Qui peut Enfer rompre & défaire,
Car il sçait bien qu'il a affaire,
On ce n'aura étonnement,
Puis donc qu'il conduit telle affaire
Chantons Noël joyeusement.

Hélas! humains voyez comment
Notre Pere étoit en souffrance,
A souffrir grand deüil & tourment
Pour une desobéïssance,
Mais Jesus-Christ a fait vengeance
S'est mis en Croix pour payement,
Or plus ne soyez en doutance
Chantons Noël joyeusement.

Mettons notre entendement
A loüer Jesus & Marie,
Afin qu'à notre finement
L'ennemi sur nous ne s'applique,
Que puissions en la déïfique,
L'adorer éternellement,
Or tous d'une voix authentique,
Chantons Noël joyeusement.

G

Autre Noël, Sur le chant : *Quand le Berger va aux champs*, &c.

A Minuit fut fait un réveil, *bis*
Jamais n'en fut oüi un pareil, *bis*
Au païs de Judée,
Au païs de Judée.   Noël

Les Pasteurs étant endormis, *bis*
Veilloient leurs moutons & brebis *bis*
Le long d'un verd pré,
Le long d'un verd pré.   Noël.

Ebahis furent grandement *bis*
Quand en moins d'un petit moment *bis*
Oüirent comme une armée,
Oüirent comme une armée.   Noël

C'étoit plusieurs Anges des Cieux *bis*
Qui faisoient un bruit merveilleux, *bis*
Tant devant que derriere,
Tant devant que derriere   Noël

Entr'autre étoit Gabriël, *bis*
Messager du Roi éternel, *bis*
Parlant de telle maniere
Parlant de telle maniere.   Noël

Ne craignez point mes bons amis *bis*
Pour vous annoncer suis transmis *bis*
La paix universelle,
La paix universelle.   Noël

Notre Sauveur sur terre est né *bis*
Comme il a été ordonné. *bis*
Par le Conseil celeste
Par le Conseil celeste.   Noël

En Bethléem le trouverent *bis*

Noels nouveaux.

En une étable où le verrez   *bis.*
Couché entre deux bêtes,
Couché entre deux bêtes.   Noël

   Les Pasteurs ayant entendu,   *bis.*
Ce mandement tant attendu   *bis.*
S'assemblent de vitesse,
S'assemblent de vitesse.   Noël

   Gombault, Rifflard & Alory   *bis.*
Robin, Marion, aussi Alix   *bis.*
Se trouverent à l'adresse
Se trouverent à l'adresse.   Noel

   Comme aussi fit Colin Jaquet,   *bis.*
Et Margot avec son caquet   *bis.*
Menant la perronnelle
Menant la perronnelle.   Noel

   Puis s'y trouve étant bien las   *bis.*
Ce bon Berger Gillet Thomas   *bis.*
Et Alison Grimbelle
Et Alison Grimbelle   Noël

   Etant assemblez sont partis   *bis.*
Laissant leurs moutons & brebis   *bis.*
Pâturant sur l'herbette
Pâturant sur l'herbette.   Noel

   Vers Bethléem ont pris chemin   *bis.*
Chacun tendant à cette fin   *bis.*
De voir ce Roi celeste
De voir ce Roi celeste.   Noël

   En allant Rifflard devisa   *bis.*
Dequoi c'est qu'on l'entreneroit   *bis.*
Mais Gombaut vint à dire
Mais Gombault vint à dire   Noël

   Quand à moi mon present est prêt   *bis.*
C'est un Agneau, qui sans arrêt   *bis.*

       G ij

Pris en ma Bergerie
Prie en ma bergerie. Noel
   Alors répondit Alory *bis*
Je lui donnerai donc ma brebis *bis*
Laquelle est jolie
Laquelle est jolie, Noel
   Robin dit Marion *bis*
A l'éternel Roi de Sion *bis*
Que donnerons-nous donc ma mie
Que donnerons-nous donc ma mie Noel
   Marion luî a répondu *bis*
J'ay un bel œuf tout frais pondu *bis*
Pour mettre en sa boüillie
Pour mettre en sa boüillie. Noel
   A l'instant répondit Robin *bis*
Je mangerai donc de gratin *bis*
En feras-tu marrie
En feras-tu marrie. Noel
   Comment ce dit Colin Jacquet *bis*
Faut-il avoir tant de caquet *bis*
Que ne courons-nous vîtement
Que ne courons-nous vîtement Noel
   Il me tarde que je n'y suis *bis*
Dit Margot, je voudrois voir l'huis *bis*
Dieu, tant il m'ennuye
Dieu, tant il m'ennuye Noel
   Nos présens sont en ce paquet *bis*
Avec le Colin Jacquet *bis*
Et de sa grande amie
Et de sa grande amie. Noel
   Ce dit Catin le mien est beau *bis*
C'est une tarte & un gâteau *bis*
Suis-je pas bien garnie.

Noels nouveaux.

Suis-je pas bien garnie, — Noel
   Lors répondit Gillet Thomas. — bis.
Et ma foi le mien n'y est pas — bis.
Dont j'en ay fâcherie
Dont j'en ay fâcherie. — Noel
   Il est serré bien dignement — bis.
Et envelloppé bien richement — bis.
Ce n'est point mocquerie
Ce n'est point mocquerie. — Noel
   Si vous voulez sçavoir le don — bis.
C'est une flute & un bedon — bis.
Pour réjoüir Marie
Pour réjoüir Marie. — Noel
   En babillant se sont trouvez, — bis.
Près Bethléem où sont entrez — bis.
Pour avoir ce fruit de vie
Pour avoir ce fruit de vie — Noel
   L'ayant trouvé l'ont adoré — bis.
Et de leurs presens décoré — bis.
De face non marrie
De face non marrie — Noel
   Ayant fait ont quitté le lieu — bis.
Se recommandant à Dieu — bis.
Et aussi à Marie
Et aussi à Marie. — Noel
   Or prions-le devotement — bis.
Que notre ame au définement — bis.
Soit és saints Cieux ravie
Soit és saint Cieux ravie. — Noel

FIN.

Autre Noël, Sur le chant; Je m'y levai par un matinet que le jour il n'étoit nuit.

L'Ange du Ciel j'ai oüi chanter,
    Vers Bathléem
Jamais n'oüit raconter
Telle harmonie
Incontinent mes brebis ai laissé
    Anges, Archanges,
Cherubins & Seraphins
Menerent grande joye
Pour l'amour du Dauphin.
    Je fus querir mes Compagnons,
En la prairie
Qui chantoient des belles chansons
Par melodie
Chantez, dansez, faites grand bruit
Car il est né celui qui nous nourrit
    Anges, Archanges, &c.
    Un chacun laisse son bétail,
Pour voir Marie
Accouché d'un petit sur la paille
Le fruit de vie
L'autre lui promettoit
Tout son vaillant & plus qu'il n'en avoit,
    Anges, Archange, &c.
    Je vis l'Enfant sur un coussin
De belle paille
Velours cramoisi de Satin
Pour une maille
Il n'y avoit fort qu'un petit de foin
L'Enfant crioit, je crois qu'il avoit faim,

Noels nouveaux.

Anges, Archanges, &c.
Je lui donnerai de mon preau,
Tout mon fruitage
Et Janneton un bel oyseau
Et une cage
Jannot, Pierrot & Guilloteau,
Lui presenterent un beau gâteau,
   Anges, Archanges, &c.
 Trois Rois d'étrange region,
Appellez Mages
Lui apporterent de beaux dons
Pour leurs hommages
Or, Myrrhe & Encens
Donnerent par honneur
En l'adorant comme leur Créateur,
   Anges, Archanges, &c.
 Or prions dévotement,
Le Fils de Marie
Qu'au grand jour du Jugement
Ne nous maudie
En Enfer avec les damnez maudits
Mais à la fin nous donne son Paradis,
   Anges, Archanges, &c.

Autre Noël Sur le chant votre amour est
   vagabonde, &c.

UN jour le Sauveur du monde,
 Oeilladant la terre ronde
Voulant choisir ici bas
Une belle jeune plante
Par une fleur plaisante
Mais Sauveur ne le voulut pas
Cette plante bien fleurie

Etoit la Vierge Marie,
Elûe sans nul débas,
Pour porter le fruit de vie,
Dont Satan en eut envie,
Car il ne sçavoit pas.

   Cet esprit diabolique
Prévoyant que la pratique
S'alloit perdre tout à tas,
Craignoit fort de rendre gorge,
De son infernale forge,
Certes il ne vouloit pas.

   Nonobstant toute sa rage,
Dieu envoya un Messager
A la Vierge pour ce cas,
Sçavoir si elle veut entendre,
A porter ce beau fruit tendre,
Ou si elle ne peut pas.

   L'Ange donc je salue,
Lui disant tu és élûe
Pour concevoir ici bas,
Le Fils de l'Eternel Pere ;
Il veut que tu sois la Mere,
Dis-moi, ne le veux-tu pas ?

   Comment pourra ceci être,
Car homme ne veut connoître
J'aimerois mieux le trépas,
Que de fausser la promesse,
Que j'ai faite à son Altesse,
Non, je ne le ferai pas.

   Le saint Esprit, Vierge sage,
Parfera tout cet ouvrage,
Quant à cela ne crains pas,
Car c'est un divin mystere,

ue Dieu veut en toi parfaire,
Pourquoi ne le veut-tu pas ?
Puisque c'est de Dieu l'attente.
 Je suis son humble servante,
Son plaisir en mon soulas,
Sa volonté soit parfaite,
Tout ainsi qu'il le souhaite,
Je n'y contredirai pas.

 Autre Noels : Sur le chant : *A la venuë de Noël.*

Voici le Redempteur qui vient,
 Pour sauver les Grands & petits,
Le Liberateur des Gentils,
Qui terre, Cieux & Mer soûtient.
 Il nous faut trétous préparer,
Pour humblement le reçevoir,
Et nous mettre en notre devoir,
De nos vices & mœurs réparer.
 Tenons notre logis prêt,
Pour reçevoir ce grand Seigneur,
Qui prend forme de serviteur,
Pour nous délivrer sans arrêt.
 Un fourrier est venu devant,
Pour faire accoûtrer le chemin,
A ce Roi paisible & humain,
Qui vient se rendre obéïssant.
 C'est saint Jean nud & découvert,
Qui crie à tous en ce desert,
Qui vient pour être notre enseigneur,
Preparez la voye au Seigneur.
 Convertissez vous à lui,
Qui est des humains leur appui,

Noëls nouveaux.

urement soyez assurez ;
Que vous mourrez en vos pechez.
  Si vous vous tenez endormis,
Comme vous avez fait les jours passez,
Vous serez par lui délaissez,
En la main de vos ennemis.
  Faites donc pénitence tous,
Si ne voulez être damnez :
Et par le Sauveur condamnez,
Qui bien-tôt verrez entre-vous.
  Loüange, gloire & tout honneur
Soit à Dieu notre Créateur,
A son Fils, & au saint Esprit,
Qui toûjours sans fin regne & vit.

Autre Noel, Sur le chant : Au jardin de mon Pere un Oranger y a, &c.

Chantons de voix hautaine,
  En joye & tous ébats ;
Pour la nature
Remise en ses Etats,
    O bonté souveraine ;
    Ne nous oubliez pas.
  Qu'un chacun se souvienne,
Qu'elle fut mise en bas
Et prison soûterraine,
Pour un mauvais répas.
    O bonté souveraine, &c.
  Le Serpent par haine,
Lui dressa tels appas,
La coulpe fut soudaine,
Cause de grands débats

O bonté souveraine, &c.
Dieu pour l'ôter de peine,
Et rompre tous ces lacqs,
Du celeste Domaine,
Lui vient de tendre les bras,
 O bonté souveraine, &c.
Il prend donc chair humaine,
Et choisi en ce cas
Une Vierge d'ancienne
Race du Messias,
 O bonté souveraine, &c.
Gabriel pour enseigne,
Lui dit tu accoucheras,
Un Fils chose certaine,
Que Jesus nommeras,
 O bonté souveraine, &c.
Bien agile & bien saine,
Neuf mois le porteras,
Et sans aide mondaine,
Vierge l'enfanteras.
 O bonté snuveraine, &c.
Au bout de la neuvaine,
O Vierge tu nous as
Produit à primeraine,
Source de tout soulas,
 O bonté souveraine, &c.
Sans joye & sans demaine,
Grande de toutes parts
Les Bergers de la plaine
Accourent à grand pas.
 O bonté souveraine, &c.
De terre ainsi loir graine,
Survinrent à grand tas,

rois Rois pour faire étraine,
Au vrai Roi de Judas.
  O bonté souveraine, &c.
Prions de bonne veine
Le Seigneur de Sabats,
Qu'au Ciel il nous amene,
A l'heure du trépas,
  O bonté souveraine,
  Ne nous oubliez pas.

Autre Noel, , Sur le chant: *Or maintenant il me faut vivre.*

CHantons Hymnes & Cantiques,
Pour cét heureux avenement
Du Fils de Dieu que les antiques
Ont attendu si longuement.
 Or il est né dans une étable,
Couché sur du foin seulement,
Voyez si l'enfant venerable
Meritoit un tel traitement.
 Les Anges prêchant sa naissance,
Aux Bergers gardant leurs troupeaux
Qui pour en avoir connoissance
Laisserent brébis & agneaux.
 Les voila donc en équipage,
Pour chercher le vrai Redempteur,
Et lui font la foi & hommage,
Comme méritoit sa grandeur,
 Trois Rois aussi de terre étrange,
De beau presem lui ont porté,
Et tous trois avec loüange,
Ont confessé sa Déité.

Noels nouveaux,

depuis pour une récompense,
surent de nuit bien avertis,
De retourner en diligence,
D'où ils étoient partis.

Partant Hérode plein de rage,
Qui pensoit avec eux saper,
Le nouveau Roi fit un carnage,
Des enfans qu'il peut attraper.

Mais toute humaine sapience,
Ne pouvoit rien encontre Dieu
Qui par sa grande Providence
Retira l'enfant de ce lieu.

Supplions-le par sa grace
Aye toûjours de nous le soin,
Et de nos maux pardon nous fasse,
Nous rescourant tous au besoin.

Autre Noël, Sur le chant : O faux amant, &c.

Roi Eternel que tout l'Univers admire,
Quel chant vous peut-on maintenant dire?
L'homme vous irritant,
Vous êtes son unique Rédempteur
De son salut le vrai Mediateur,
A qui chacun s'attend.

Sus donc Chrétiens d'une sainte allegresse,
Le grand pouvoir de suprême sagesse,
Chantons de l'Eternel,
C'est ce grand Dieu qui a formé les Cieux
Qui a créé les Astres lumineux,
La Lune & le Soleil.

C'est l'Ouvrier qui a bâtir ce grand monde,
D'un bel aspect, d'une forme ronde,

Posant l'homme au milieu,
Qui peut dompter le tigre furieux,
Le fier Lyon, le Sanglier grondeux,
Ainsi qu'il plaît à Dieu.

 C'est lui qui est ce buisson la flâme,
Qui du Pasteur ravi le cœur & l'ame,
Ne pouvant consommer
Qui fit passer tout son peuple à travers
Les eaux, & qui plongea tous les pervers
Au profond de la mer.

 Donc Israël reconnoît par loüanges,
Ton vray Seigneur qui a fait les échanges,
De ta Captivité,
Qui premier de l'Egypte a touché
Et les tresors de leurs mains arraché
Te rendant liberté.

 Il t'a donné de l'eau pour ton usage
D'un sec rocher & en grande abondance,
De sa puissante main,
Et l'abondant du celeste séjour,
Le pain sacré effaçant chacun jour,
Pour assouvir ta faim.

 Il t'a fait voir sa volonté écrite,
Mais ton ingrat qui ce bien ne merite
Quitant ton bienfaiteur,
Aimant trop mieux : ô forfait inhumain,
Avoir pour Dieu l'ouvrage de ta main
Que ton vrai Créateur

 Le même Dieu de sa bonté exquise
T'a fait joüir de la terre promise,
Après plusieurs combats,
Puis Amalec son premier aggresseur,
Et Madia à ce rusé maudisseur

renversé à bas.
Il a sauvé toute la nature humaine,
Par son amour & bonté souveraine,
Nous envoyant son Fils,
Qui se vêtant de notre humanité,
Nous a tiré de la captivité,
Et ouvert le Paradis.
 Mais ce grand Tout qui vous fait connoître,
Nous fait, Seigneur, vos œuvres apparoître,
Par le monde étendu,
Rassemblez donc vos troupeaux égarez :
Et notre Pere & si bien les serrez,
Que nul ne soit perdu.

Autre Noel : Sur le chant : *Kyrie fons bonitatis Pater ingenite, &c.*

Kyrie le jour de Noel,
 Nâquit Emanuel,
Jesus Fils de Dieu Eternel.   *Eleyson.*
 Kyrie dedans Bethléem,
 Avec peu de moyen,
Sans couche, ni sans drapelet.   *Eleyson.*
 Kyrie ce fut à minuit,
 En une froide nuit,
Dans une étable à l'ouvert.   *Eleyson.*
 Christe étant né
Sur un peu de foin fané,
Le bruit fut semé,
Jusqu'aux Pasteurs qui gardoient leurs troupeaux,
Prés de Bethléem en grands travaux.   *Eleyson.*
 Christe mêmement,
Ils partirent d'Orient,

Trois très-puissant Rois,
L'ont sçût qui avec très-noble arrois,
Sont venus en Jerusalem. *Eleyson*
 Chrsste étant arrivez,
Du lieu se sont informez,
Où le Christ étoit né,
Et sçachant que c'étoit en Bethléem,
Sont partis diligemment. *Eleyson*
 Kyrie l'Etoile ont suivi,
Qui les a conduits jour & nuit,
Depuis leur partement,
Jusqu'à l'etable de Bethléem. *Eleyson*
 Kyrie ayant vû l'Enfant,
L'adorent & offrent leurs présens,
D'or, de Myrrhe & Encens,
Le tenant pour Dieu Tout-puissant. *Eleyson*
 Kyrie ayant cela fait,
Et craignant ce traître parfait,
Herodes le Tyran,
Sont retournez en leur païs. *Eleyso*

Autre Noel, Sur le chant: *La Mignone qui va de nuit.*

CHantons à ce Noel joli,
 Grands & petits joyeusement,
Noel a un chant joli,
Ne vivons plus piteusement,
Une pucelle,
De Dieu en elle,
A enfanté (comme l'on dit)
Un beau mignon en plein minuit.
 C'est le Fils de Dieu immortel,

Pour vrai sans dubitation
Lequel s'est fait homme mortel
Pour nous mettre à salutation,
O quel liesse !
Chantons sans-cesse
Car tout notre malheur s'enfuit.

 Les Anges en ont bien dressé,
Un chant très-mélodieux,
Et les Pastoureaux troussés
D'un courage non odieux
Tout leur bagage,
Pour donner gage,
Et l'ont porté comme s'ensuit,
A ce mignon venu de nuit.

 L'un qui apporte son manteau
Un autre aporte son bourdon,
L'autre presente son couteau,
Un autre sa bourse en pur don,
Et à sa Mere,
Faisoit grande chere,
Demandoit soulas & déduit
Pour ce mignon venu de nuit.

 Trois Rois aussi y sont venus,
Qui lui ont les chefs tout nuds
Offert de beaux presens,
C'étoit d'Or, de Myrrhe & Encens
En démontrance,
D'obéissance,
Une Etoile les a conduits,
A ce mignon je vous supplie.

 Prions donc je vous supplie
Puisqu'il est notoirement,
De si grande puissance remplie,

Noels nouveaux.

Il nous donne sauvement
Sans demeure,
...vons à toute heure,
...tre Vierge qui produit
Ce beau mignon venu de nuit.

Autre Noel, Sur le chant : Une fille de Village
pris en affection, &c.

UNe bergere jolie,
Par un matin se leva,
Conduisant la bergerie,
A la campagne s'en va,
Quand une voix Angelique,
Dedans l'air retentissoit,
Qui d'une fausse musique
Son oreille ravissoit.

Cette bergere gentille,
Attentive à ces doux chants,
Pensoit que quelqu'autre fille,
Fût plus matin qu'elle aux champs,
Disposoit sa voix doucette,
Pour dire son dolelor,
Mais elle resta muette,
Voyant au Ciel l'Angelot,

De la nuë elle voit fondre
Gabriël l'Ange des Cieux
Qui les Pasteurs vint semondre
D'aller voir le Dieu des Dieux,
Qui fait homme vient de naître,
En Bethléem pauvrement,
Pastoureaux est vôtre Maître,
Allez le voir promptement,

Noels nouveaux.

C'est le Fils de Dieu le Pere,
Le Messie tant desiré,
Qui vient à nôtre misere,
Donner remede assûré :
Mais il cache sa puissance,
Dessous son humanité,
C'est ce jour qu'il prend naissance,
Las donc qu'il soit visité.

Cette sainte Pastourelle,
De prime face eut grand peur,
Mais cette bonne nouvelle
Lui a redonné le cœur,
Veut laisser troupelette
Pour aller en Bethléem,
Mais d'aller seulette
Il n'y a point de moyen.

D'aller seule, disoit-elle,
Je prendrois trop grande moi
Je vais chercher perronnelle
Pour venir avec moi,
Sitôt qu'elle avance
Elle voit maintes Pastoureaux,
Qui vont, qui chantent, qui dansent
Qui joüent du chalumeau.

Allons, dit-elle, ensemble,
Aux Bergers devotieux,
Mais Bergers qui vous semble
Le chant si gratieux,
A la douce chansonnette
A quelle plaisante voix,
La flute n'est point si nette,
Le cornet ni le haut-bois.

Cette voix ma douce mie

Doit être donc vrayement
Puis qu'elle est nôtre vie
Le certain avancement,
Cette voix tant attenduë
Des Prophétes & des Rois,
Liberté nous est renduë,
Par l'effet de cette voix.

 Ne sçais-tu douce Bergere
Qu'Adam nôtre pere à tous,
Par sa femme trop legere,
Provoqué Dieu à couroux,
Prenant le morceau de pomme
Qui lui étoit deffendu
Coupable de mort tout homme
A jamais il a rendu.

 Il y a des ans cinq mille,
Que Satan trop inhumain,
En condition servile,
Detenoit le genre humain,
Mais nous avons esperance
De ce divin Enfançon,
Pour nous donner délivrance;
Vient payer nôtre rençon.

 Ce saint & caché mystere
Mon foible esprit ne comprend
Mais qui est la sainte Mere,
D'où ici bas naissance prend
C'est une Vierge agréable,
Plus belle que n'est le jour
Où le Sauveur aimable
A mis son divin amour.

 O grande réjoüissance
Pour les desolez humains

Mais a-t'il pris sa naissance,
En ce riche lieu pour le moins,
Dedans une pauvre étable,
Sur du foin seulement;
Cette Vierge charitable,
En a fait l'enfantement.
  O humanité profonde,
De voir en si pauvre lieu,
Celui qui a fait le monde,
Le Fils unique de Dieu,
Mais de grace, je vous prie,
Que je puisse avec vous,
Aller voir ce fruit de vie,
Cet Enfant si humble & doux.
  Allons donc d'une bande,
Et marchant joyeusement
Rien de nous il ne demande,
Que le cœur tant seulement,
Dieu veut la sainte liesse,
Qui se fait à son honneur,
Allons donc en allegresse,
Allons voir nôtre Seigneur.

AUTRE NOEL.

Laissez paître vos bêtes,
  Pastoureaux par mont & par vaux,
Laissez paître vos bêtes;
Et venez chanter No.
  J'ai oüi chanter le rossignol,
Qui chantoit un chant si nouveau,
Si bon si beau si raisonneau,
Il m'y rompoit la tête.
  Tant il prêchoit & caquetoit,

Adonc prit ma houlette
Pour aller voir Nolet.

Je m'enquis au Berger Nolet,
As-tu oüi le rossignolet,
Tant joliet qui gringotoit
Là-haut sur une épine,
Oüi, dit-il, je l'ai oüi,
J'en ai pris ma bussine,
Et m'en suis réjoüi.

Nous dîmes tous une chanson
Les autres y sont venu au son
Or sus dansons prend Alison,
Je prendrai Guillemette,
Et Margot prendra gros Guillot
Qui prendra Perronnelle
Ce sera Talebot.

Ne parlons plus, nous tardons trop
Allons-y-tôt, courons le trop
Viens toi Margot, attend Guillot
J'ay rompu ma courriere
Il faut racommoder mon sabot
Or tiens cette éguillette
Elle te servira trop.

Comment Guillot ne viens-tu pas
Oüi, j'y vais tout le doux pas
Tu n'entens pas de tout mon cas
J'ay aux talons les mulles,
Parquoi je n'y puis plus trotter
Prises m'ont les froidures
En allant l'estraquer.

Marche devant pauvre mulard
Et t'appuye sur ton billard,
Et toi coquard vieux loricard

Noels nouveaux.

Tu d'eusse avoir grand honte,
De rechiner ainsi les dents,
Et d'eusse en tenir conte
Au moins devant les gens.
Nous courrûmes tous de telle roideur
Pour voir nôtre doux Redempteur,
Et Créateur & Formateur,
Il avoit, Dieu le sçache,
Des drapeaux assez grand besoin
Il gissoit en sa Créche
Sur un petit de foin.
Sa Mere avec lui étoit
Un vieillard qui les éclairoit,
Pas à l'Enfant ne ressembloit,
Il n'étoit pas son pere,
Il l'apperçût trop bien & beau,
Ressembloit à la Mere
Encore est-il plus beau.
Or nous avons un gros paquet,
Des vivres pour faire un banquet,
Mais le muguet de Jean Huguet,
Et une levriere,
Mirent le pot à découvert,
Mais ce fut la bergerie,
Qui laissa l'huis ouvert.
Pas ne laissâmes de gaudir
Je lui donnai une brebis,
Au petit une mauvis,
Lui donna Perronnelle,
Margot si lui donna du du laict,
Tout plain une écuelle
Couverte d'un volet.
Or prions tous le Roi des Rois

Qui vous donne à tous bons Noël,
Et donne paix de mefaits,
Ne veuï le avoir memoire,
De nos pechez mais pardonner,
A ceux du Purgatoire,
De nos pechez effacer. Ainsi soit-il.

Autre Noël, Sur le chant : Enfin celle que j'aime tant lassée d'être cruelle, &c.

Enfin le jour est venu,
Que Dieu nous a fait grace
Et que le Sauveur est venu,
En cette terre basse,
O beau jour amoureux
Jour heureux.

C'est en ce beau jour desiré,
Jour de paix & concorde
Que le Redempteur épleuré
Nous fait misericorde,
O beau jour amoureux
Jour heureux.

Celui qui tout a façonné
Les Cieux la Terre & l'Onde
Fait homme ce jour est né,
Pour racheter le monde,
O beau jour amoureux
Jour heureux.

O grande merveille d'amour
O divine puissance,
Que l'Increé veuille en ce jour,
Prendre humaine naissance
O beau jour amoureux

Noels nouveaux.

Jour heureux.
 C'est ce jour que le Fils de Dieu
Le saint Verbe du Pere,
Homme Dieu veut en ce bas lieu,
Naître de la Vierge Marie,
O beau jour amoureux,
Jour heureux.
 Il a pris nôtre humanité
Au flanc d'une Pucelle
Mariant sa divinité,
A la race mortelle,
En ce jour amoureux,
Jour heureux.
 Lui qui fut éternellement
Immortelle impassible
Ce jour c'est volontairement,
Fait mortel & passible,
O beau jour amoureux
Jour heureux.
 L'homme l'a vaincu de pitié
Succombé sous la somme.
Tant qu'épris de son amitié
Lui même s'est fait Homme,
En ce jour amoureux,
Jour heureux.
 Alors que moins l'homme pensoit
A sa porte indicible,
Vient le jour que plus s'avançoit
Sa grace remissible,
O beau jour amoureux
Jour heureux.
 C'est ce jour qu'on a vû les Cieux
Tous remplies d'allegresses

Noels nouveaux

...eurs harmonieux,
... plus de liesse,
... au jour amoureux,
... heureux.

On voit par la nuë voler
Mille legions d'Anges,
Que Dieu envoya parmi l'air
Raconter ses loüanges,
En ce jour amoureux
Jour heureux.

Donc beau au jour sans pareil
Favorable & propice,
Vous voyez naître le Soleil
Vous Soleil de Justice,
O beau jour amoureux
Jour heureux.

Autre Noel, Sur le chant : *Cruelle départie*, &c.

O Heureuse journée
Jour gracieux,
Que nous est retournée
La paix des Cieux.

Voila paix & justice
Sans nulle discorde,
Dieu tout bon & propice
Les mettent d'accord.

Douceur, bonté, concorde
Marchant après,
Et la misericorde
Les suit de près.

La charité s'avance,
La grace aussi
Divine providence
... ainsi.

Noels nouveaux.

Divine compagnie
Où allez-vous ?
De grace je vous prie
Dites-le nous.

   Le Fils de Dieu nous mene
Touché d'amour,
Pour à nature humaine
Faire la cour.

   Il l'a seule choisie
Pour son plaisir,
Elle a sa chere amie
Tout son desir.

   C'est la douce rebelle
Sur tout, son mieux
Je veux pour l'amour d'elle
Quitter les Cieux.

   Bien-heureuse nature
O quel honneur ?
Mais la que lui procure
Tant de bonheur.

   Dieu par sa bonté même
S'y est restaint,
C'est son amour extrême,
Qui l'y contraint.

   O chose merveilleuse
Le Fils de Dieu,
Veut-il faire amoureuse
En ce bas lieu.

   Il est de sa nature
Courtois doux,
Es de sa créature,
Il est jaloux.

   Il est tant aimable

Noels nouveaux.

Plein de pitié;
Il n'est point variable
En amitié
   Sus donc, Nature humaine
Retournez vous,
Vers la face sereine
De vôtre Epoux.
   Ne soyez tant ingrate
De l'offenser,
Vôtre main délicate
L'aille embrasser.

   Autre Noel, Sur le chant: *Si c'est pour mon pucelage, &c.*

SI c'est pour ôter la vie
A cet Enfant nouveau né
Qu'avez cet arrêt donné,
O Herodes Plein d'envie
Ne vous attendez pas
Vous n'y perdez que vos pas.
   Si c'est pour lui faire outrage
Que vous faites battre aux champs
Vos gens d'armes le cherchant,
Qu'ils ne cherchent davantage
Vous ne le trouverez pas
Soldats vous perdez vos pas.
   Mais qu'elle étrange furie
Vous aveugle ainsi les sens
De ses pauvres innocens,
Faire une telle turrie,
Ce petit Roi n'y est pas
Vous ne perdez que vos pas.
   Vous avez bien l'ame éprise
D'un courage audacieux

Contre l'Auteur des hauts Cieux
De vouloir faire entreprise
L'effet ne s'ensuivra
Vous ne perdez que vos pas.

N'avez-vous jamais pris garde
Tyran & cœur endurci,
Qu'un proverbe qui se dit,
Bien est gardé qui Dieu garde,
De lui tendre tant d'apas
Vous ne perdez que vos pas.

O engence viperine
Voudriez-vous donc forcer,
Ou quelque chose avancer,
De la volonté divine,
Vous ne le pouvez pas
Vous ne perdez que vos pas.

Vôtre effrenée imprudence
Voudroit-elle point voler,
Jusqu'au Ciel pour controller
La divine providence,
Non cela ne se peut pas
Vous ne perdez que vos pas.

C'est le Saint, c'est le Messie
C'est le Fils du Dieu vivant,
Dont nous parle si souvent,
La fidelle Prophétie,
Bien que vous n'y croyez pas
Pourtant vous perdez vos pas.

Il faut prêcher l'Evangile
Premierement aux humains
Il fit des miracles maintes,
Tant aux champs comme à la Ville
De pour chasser son trépas

…dez que vos pas,
… sûre conduite
… de l'Ange averti,
… bien-tôt en est parti
… le mener en Egypte,
… ne le tenez donc pas
… ne perdez que vos pas.
… l'Egypte a connoissance
… ombien son bras puissant,
… es Idoles en passant,
… nt éprouvé sa puissance
… us outre n'allez donc pas
Vous ne perdez que vos pas.

Lors que la parque severe,
Aura triomphé de vous,
Ce Roi charitable & doux,
… ra son retour prospere,
… ais lors vous n'y serez pas
… ous ne perdez que vos pas.

Autre Noël : Sur le chant *Où est-il mon bel amy
allé*, &c.

Que maudit soit le peché qui est la cause encore
 Loin de mes yeux est caché mon Sauveur que
    j'adore,
    Où est-il mon doux Sauveur allé,
    Le reverray-je encore.

… ne peut sans mon apuy l'œil clore ni déclaré,
    Où est-il mon doux Sauveur allé,
    Le reverray-je encore.

Seul Dieu en Trinité : une essence j'adore,
… offrande en verité de mon cœur je l'honnore
    Où est-il mon doux Sauveur allé,
    Le reverray-je encore.

...oi, espoir & charité que...
    Où est il mon doux Sa...
    Le reverray-je encore.
Pour un vain plaisir que j'ay fait les vices qu...
    horre,
Mais dolent de mes pechez j'entens mieux fai...
    Où est-il mon doux Sauveur allé,
    Le reverray je encore.
Car de crainte que le feu d'enfer ne nous devo...
Il faut la crainte de Dieu dans nos ames encl...
    Où est il mon doux Sauveur allé,
    Le reverray-je encore.
Il va le vice étouffer & la vertu éclore
Pour au Palais triompher que l'Etoile se dore
    Où est il mon doux Sauveur allé,
    Le reverray-je encore.

FIN.

APPROBATION.

J'Ay lû par ordre de Monseigneur le Garde des Sçaux, *La grande bible des Noels tant vieux que nouveaux, avec les Cantiques faits en l'honneur de* ...*eurs Saints & Saintes.* Le débit que les Librair... ...e ces Ouvrages de pieté fait voir que le Pub... ...st content, & qu'on en peut permettre l'... ...on. Fait à Paris ce 12. Avril 1723.

L'ABBE' RICHARD, *Censeur*

DE LA TABLE

Des Noëls contenuës en ce Livre.

Quoy ma voisine és-tu fâchée, *page*
Vous Bergers, &c.
Il n'est rien de plus tendre
Messieurs du Village.
Trois Illustres Mages.
Je me suis levé par un matinet.
Vous tous qui passez la voye.
Les Bourgeois de Chartres.
Noël, Noël, Noël cette journée
Est digne accouchée.
Nous sommes envoyé.
C'est la Reyne du Ciel.
En Bethléem Ville de renom.
A minuit fut fait un réveil.
L'Ange du Ciel j'ay oüi chanter.
Un jour le Sauveur du monde.
Voicy le Redempteur qui vient.
Chantons de Voix hautaine.
Chantons Hymne & Cantique.
Roi Eternel que tout l'Univers admire.
Voicy le jour de Noël.
Chantons à ce Noël joli.
Bergere jolie.
A paître vos bêtes.
Le jour est venu.
Une journée
Pour ôter la vie.
Maudit soit le peché, &c.

www.ingramcontent.com/pod-product-compliance
Lightning Source LLC
Chambersburg PA
CBHW070657170426
43200CB00010B/2272